Impressum

Bibliografische Information der Deutschen National-
bibliothek: Die Deutsche Nationalbibliothek ver-
zeichnet diese Publikation in der Deutschen Natio-
nalbibliografie; detaillierte bibliografische Daten
sind im Internet über dnb.dnb.de abrufbar.

© 2021 Holger Prade

„Herstellung und Verlag: BoD – Books on Demand,
Norderstedt"

Cover: Selina Weigel

Taschenbuchausgabe auch als E-Book erhältlich

ISBN Nr.: 9783755751243

**Was gesagt werden musste:**

.

Danke Mutti, dass du quergelesen und korrigiert hast.

Ein Dankeschön an alle, die sich meine Geschichten in ihrer Entstehung haben anhören müssen und mich motivierten, jede Woche ein oder zwei neue Geschichten zu schreiben.

Und ein besonders dickes Danke an Selina Weigel, die mir das Cover wieder ideenreich und wunderschön anfertigte.

Wenn ich eines nicht kann, dann ist das zeichnen. Okay und singen und schnitzen kann ich auch nicht so richtig gut und...

Aber hey, das geht euch doch gar nichts an. Warum wollt ihr das überhaupt wissen?

Kümmert euch lieber um meine Bücherhinweise auf der letzten Seite und bestellt was.

# <u>Inhaltsverzeichnis</u>

5

# Vorwort

Ein Alltag, der nur Sorgen und Probleme kennt, macht unglücklich. Die Synapsen im Gehirn richten sich am Unglücklichsein aus, Die Unglücksspirale füttert sich selbst und fälscht die Wahrnehmung. Doch selbst im größten Unglück gibt es schöne Momente. Diese bewusst wahr zu nehmen und in Erinnerung zu behalten, ist daher existentiell. Dann begeben sich die Synapsen auch nicht auf Abwegen. Am Ende jeden Tages sollte man sich mindestens fünf schöne Momente in Erinnerung rufen. Humorvolle Geschichten gehören dazu. Wer jeden Tag vier meiner Geschichten liest, braucht nur noch eine fünfte hinzufügen. Dadurch macht auch eine Weiterempfehlung Sinn. Meine Bücher verdoppeln durch eine schöne Verpackung ihren Wert.
Aber nehmen Sie mich nicht allzu ernst.
Wenn im Alltag Dinge passieren, dann ist oft der Blick von außen der bessere und nicht der des Beteiligten. Man bemerkt meist erst danach, dass gerade die miesesten Erlebnisse die komischsten Komponenten besitzen. Ich versuche sie einzufangen, lehne mich mit einer Tüte Chips, Zettel und Stift gemütlich zurück, beobachte und kommentiere. Man darf also sicher sein, dass in jeder Geschichte etwas Wahrheit steckt und es bereitet mir viel Freude, Sie dazu einzuladen.

Viele liebe Grüße
Euer Holger

# Kapitel 1
## Worin der Leser erfährt, was den Autor bewegt

Ein Blick, eine Geste, ein Sonnenuntergang, eine Biene bei der Arbeit, eine zärtliche Geste, eine Baumrinde anfassen, das Wunder einer Blüte, mit den Händen im Boden wühlen, Mitgefühl, Hilflosigkeit und selbstloses Helfen. Ach ja und dann sind noch männerspezifische Dinge bewegend, wie Hunger, Durst, Schmerz, eine kalte Bratwurst oder ein viel zu warmes Bier.

# Kapitel 2
## Märchen und Phantasie für (bedauernswerte) Kinder

Selbstverständlich lese ich abends vor. Gar keine Frage und meine Kinder lieben es.

Wir sind eine gewaltfreie Familie und irgendwie muss sich die uns innewohnende Aggressivität ja Bahn brechen, auch bei den Kindern. Da sind Märchen genau richtig. Ob von den Gebrüdern Grimm oder ihrer morbiden Steigerungsform Martin Andersen Nexö, ob Alexander Puschkin, Clemens Bretano, Charles Perrault oder Alexander Afanasjew, Ludwig Pechstein, ob Blechschmidts Bergmannssagen oder die Schatzsagen aus dem Erzgebirge, sie alle sind geeignet, Kinder zu brutalen Monstern werden zu lassen. Dabei unterscheiden sich die Nationen gewaltig. Haben Sie schon mal litauische Märchen gelesen? Da sind am Ende immer alle tot. Blutrünstiger geht es gar nicht mehr.

Nicht ganz so geeignet sind märchenhafte Geschichten neueren Datums. Da wären zum Beispiel Astrid Lindgreen, die ihrer rot bezopften Bibi Langstrumpf ein Pferd ins Wohnzimmer stellte. Kann man Pferde eigentlich stubenrein werden lassen? Die können nämlich bis zu 10 Liter pieseln. Wegen der Menge nennt man das strahlen.

Ein Alexander Wolkow machte seine kleine süße Elli zur Heldin, indem er sie von den Eltern wegreißt und in einem fliegenden Haus bis ins ferne Wunderland entführt. Dort lässt er sie dann mitsamt dem Haus in einer halsbrecherischen Bruchlandung niedergehen und dabei eine alte arme ahnungslose Frau erschlagen. Das geht ja noch. Auch die russischen Märchen mit der Baba Jaga und Väterchen Frost sind nicht ganz so blutrünstig. Da erfriert man höchstens, oder wird in Eis, eine Pflanze oder ein Tier verwandelt.

Schauen wir uns aber zunächst die Mythen an, bevor wir uns den Märchen widmen. Sie sind alltagstauglich und geben ihre hässliche Poesie erst auf den zweiten Blick preis.

Das Kinderkriegen: Wie muss ein Eheleben im Bett aussehen, wenn der Sex ein Niveau hat, bei dem sich die Ehegesponse am Ende ein Baby von einem Storch bringen lassen müssen? Wer will in so einem Haushalt seine Kindheit verbringen? Sexuell unfähige oder frustrierte Eltern, Babydirektversand und als Bote ein Storch. Da nützt es auch nichts, wenn die Lieferung frei Haus ist. Besonders übel empfinde ich es, dass der Storch das Baby meist heimlich vor der Tür ablegt und abhaut. Und was ist in der Urlaubszeit? Spätestens zu Jahresende werden dann bereits Drohungen ausgestoßen: ‚Morgen Kinder wirds was geben.‘ Da kann das Kind noch nicht mal laufen.

Schauen wir uns die nicht kinderfreie, polizeilich auffällige Zahnfee näher an. Man stelle sich vor, da bricht eine wildfremde Frau mitten in der Nacht in das Zimmer eines unschuldigen Kindes ein und stiehlt ihm ein abgefallenes Körperteil. Ob eine kleine Münze unter dem Kopfkissen den Einbruchsdiebstahl, den erlittenen Schock und den schmerzlichen Verlust wieder gut machen kann, darf bezweifelt werden.

Dann gibt es Monster unter dem Bett oder im Schrank. Und als ob das nicht genug ist, schleicht noch der Schwarze Mann vor dem Haus herum und droht hereinzukommen.

Wobei man gar nicht übertreiben muss, um bei den Kleinen bleibenden Eindruck zu schinden. Vater und Mutter können die eigene Autorität erhöhen, indem sie zuerst als mutige Helden ins Kinderzimmer kommen und die bösen Typen vertreiben. Doch muss dann unbedingt noch die Würze der Einschüchterung und der Boshaftigkeit in die langweilige Suppe der Kindheit eingestreut werden. Dabei sollten Eltern nie klarstellen, dass es überhaupt keine Monster gibt. Unter das Bett schauen und verkünden: „Da ist nichts.“, reicht völlig aus. Die unterschwellige Botschaft lautet dann: "Kein Monster unter dem Bett. Also jetzt gerade mal nicht, sonst schon." Wenn man die abendliche

Bett-Monsterkontrolle von den Kindern mit einem feuchten Lappen durchführen lässt, wird es perfekt. Die kleinen Heulsusen erfahren noch früh genug, dass das alles Quatsch ist und revoltieren. Man nennt das Pubertät und die Eltern können somit schon Jahre vorher vorab zurückschlagen.

Meine Kinder konnten mal eine halbe Nacht nicht einschlafen, weil ich sie auf die Gardinen-Eumel aufmerksam gemacht hatte. Angeblich leben die in Gardinen und turnen nachts daran rauf und runter. Gardinen bewegen sich im Wind immer. Jetzt sahen sie ständig hin, wenn sie wackelten. Manchmal bildeten sie sich auch ein, Gardineneumel gesehen zu haben. Da man nicht alles erklären muss, hatte ich offengelassen, ob Eumel gefährlich sind oder nicht. Das können sie sie ja selbst fragen, wenn sie eins erwischen.

Doch zurück zu den deutschen Märchen. Dort erleiden die Helden fast immer ein Trauma, bevor sie sich überglücklich mit Prinz oder Prinzessin vereinigen. Nach dem vermeintlich guten Ausgang schlagen sich Prinz oder Prinzessin vermutlich ihr ganzes Leben mit dem psychisch gestörten Partner herum und zwar ohne Psychotherapie. Da hilft dann auch ein schöner Jüngling von adligem Geblüt nichts, wie beim Froschkönig. Ich glaube nämlich nicht, dass der Aufenthalt in einem Teich als Frosch und der harte Aufprall an der Wand eine gesunde Psyche hinterlassen haben. Kaum zu glauben, dass er das Weib, welches deutlich was gegen Amphibien hat, später noch heiratet. Außerdem gab es deswegen beim Abendmahl mehrfach Zoff wegen ihrer Amphibienphobie mit ihr.

Oder nehmen wir Rotkäppchen her. Die Handlung ist voll von Täuschung, Mord und Gewalt. Ein auffällig gekleidetes minderjähriges Mädchen wird von ihrer Mutter allein in den Wald geschickt und muss feststellen, dass ein Wolf ihre Oma erst zwangsentkleidet und dann auch noch gefressen hat. Weil der männliche Wolf sich als transsexuell betrachtet, zieht er die Kleidung der alten Dame an und mimt sie in deren Bett nach. Ich weiß, dieses Bild hatten Sie jetzt gerade nicht im Kopf, ist aber zu spät. Nachdem das Mädchen irritiert und misstrauisch mit dem tierischen Waldtransenmörder ein sinnfreies Frage/Antwortspiel über Augen, Mund und Hände überstanden hat, wird gefressen. Die frohe "Rettung" naht nun in Form eines morbiden, der die Wolfstranse aufschlitzt. Am Ende zieht die Rotkäppchen (jetzt als Zombie, wie sonst?) die ekelhaften Bekleidungsstücke wieder an und die Zombieoma lädt zu Kaffee und Kuchen ein.

Das hat mit Sicherheit die gesamte Familie dauerhaft verändert. Irgendwie überlebt der Wolf. Allerdings hat er nach der dicken Oma einen ausgeweiteten Magen, was ihm ermöglicht, sich an sieben jungen Geißlein gleichzeitig zu vergreifen. Und wieder ahmt er eine Frauenstimme nach. Die Tatsache, dass er Geißlein im Ganzen verschluckt, lässt schlussfolgern, dass er keine Zähne hatte und zu den genüsslich beschriebenen hinterhältigen Methoden greifen musste, um zu überleben. Irgendwie hatte er auch bei den süßen Schäfchen richtig Pech und geriet erneut an Psychos. Er wurde wieder aufgeschlitzt (vermutlich an der noch nicht ausgeheilten Schlitzwunde), lebend mit Steinen abgefüllt und abschließend ertränkt. Die Lehre für Kinder - aus diesen beiden Versuchen Nahrung aufzunehmen - lautet also: "Kau ordentlich durch, bevor du schluckst. Und wenn du das nicht kannst, zerteile vorher deine Opfer in zarte Stückchen. Nutze Kreissäge, Beil, Tigersäge, Kettensäge, Schlachtermesser... Was du eben im Kinderzimmer so zur Verfügung hast."

Doch zurück zur ersten Geschichte. Erst Jahre später hörte man wieder vom vermutlich schwer gestörten Rotkäppchen und ihrer Schwester. Ja, sie hatte eine. Hatten Sie das nicht gewusst?

Sie nennen sich jetzt Schneeweißchen und Rosenrot. Die jungen weiblichen Tunichtgute bedrohen wenig später einen netten kleinwüchsigen hilfsbedürftigen Herrn mit einer Schere, welcher haarige Zauberkräfte am Kinn trägt. Dann berauben sie ihn gegen seinen Willen seines zauberhaften Zauberbartes. Das Ganze nimmt kein gutes Ende für den Herrn, der vor den Mädchen flüchten muss. Kein Wunder, dass er sich verkrümelt. Er taucht erst als Rumpelstilzchen wieder auf, nachdem sein Bart nachgewachsen war. Der altruistische hilfsbereite rüstige Rentner rettet einem Müllermädchen dreimal das Leben, indem er für sie Stroh zu Gold spinnt. Doch dann wird er von ihr um seinen Lohn betrogen und zieht sich endgültig enttäuscht zurück. Am Ende zerreißt er sich vor lauter Verzweiflung in zwei Teile.

Wilhelm Grimm war dieser Selbstmord etwas zu unwahrscheinlich und daher ließ er ihn mit dem Fuß aufstampfen und im Boden verschwinden. Jetzt kann man geteilter Meinung sein, ob sich selbst lebendig begraben besser ist, als eine geteilte Persönlichkeit.

Das ist aber im Gegensatz zu Hänsel und Gretel noch harmlos. Diese werden von ihren Eltern (der Vater wird von der Mutter vorgeschickt) im Wald ausgesetzt, da sie ihr Brot lieber selbst essen, als es mit ihren Kindern zu teilen. In Folge geraten die beiden in die Hütte einer Massenmörderin und Kannibalin, welche Kinder als Leibspeise hat. Sie kommen nur davon, indem sie selbst töten. Dass die Hexe keinen Freitod gewählt haben dürfte, ist klar oder? Hexenhammer und Hexenverbrennung standen da Pate. Dann packen die Killer sich die Taschen mit dem Eigentum ihres Opfers voll. Als frisch gebackene Raubmörder werden sie dann von ihren Eltern mit offenen Armen aufgenommen, natürlich nur, weil sie Schätze dabeihaben.

Na, liebe Kinder! Waldspaziergang gefällig? Bei uns steht eine Stromerhöhung an, da reicht es nur noch für den Fernseher, aber nicht mehr für euch.

Gut, das könnte jetzt zugegebenermaßen für den einen oder anderen etwas schräg gewesen sein, war aber so. Fahren wir eine Stufe runter, oder versuchen wir es zumindest.

Aschenputtel. Das Märchen geht zum Teil auf Charles Perraults Cendrillon ou la Petite Pantoufle de verre (Aschenputtel oder der kleine Glasschuh) von 1697 zurück. Ludwig Bechstein übernahm es 1845 in sein Deutsches Märchenbuch als Aschenbrödel und stellte damit die Vorlage für Cinderella. Damit hätten wir wenigstens zwei der weniger populären Märchenerzähler erwähnt. Die Brüder Grimm nahmen es dann als 21. Geschichte auf. Hier die Geschichte: Ein minderjähriges Mädchen verliert erst die Mutter und dann den Vater. Es bleiben nur ein an das christl. Weihnachtsfast erinnerndes Pferd namens Nikolaus, ein ebenfalls Kosten verursachender Hund namens Kasperle und eine Schmuckschatulle, auf der ständig eine Eule hockt und vermutlich auch kackt. Und dann wächst da noch ein Nussbaum aus den Überresten ihrer Mutter heraus und wird für sie zu einem Altar. Die Stiefmutter mit ihren zwei Töchtern weiß nichts mit der Jugendlichen anzufangen. Sie macht aus ihr eine heruntergekommene unbezahlte Arbeitskraft, die und sperrt sie vom Familienleben aus. Obwohl die dauerverschmutzte „Putze" am Ende einen Prinzen bekommt, ist der elterliche Hof dennoch futsch. Alle Beteiligten haben ganz offensichtlich einen an der Klatsche.

Da wäre noch eine weitere Hauptfigur, ein verantwortungsloser Prinz, der sich den Regierungspflichten entzieht und statt im Palast zu regieren, lieber auf Jagd geht und Tiere abschießt. Das wäre auf die heutige Zeit übertragen so, als würde die Regierung ein wichtiges Gesetz verabschieden und niemand säße im Parlament. Stattdessen hätten sich die Abgeordneten per Hammelsprung in den Tiergarten versetzt und schlachteten sich Macheten schwingend blutig durch die Gehege. Wie sich später zeigt, hegt er auch keine Achtung vor dem Haus seiner Eltern. Immerhin schüttet er Pech auf die große teure Eingangstreppe des Schlosses, um eine vor ihm flüchtende Frau zu fangen. So etwas machen wir Männer ja ständig.

Mit Lösungsmittel bekommt man die Treppe jedoch nicht sauber und ob es so etwas damals schon gab?. Man möchte sich da baulich gar nicht hineindenken. Was der Vater von dem Hallodriprinzen hält, wird im

Märchen nicht thematisiert, ich kann es mir aber gut vorstellen.

Dass der Tunichtgut der "femme fatal" vom Gutshof auf den Leim geht und ihr verfällt, ist schon irgendwie zu erwarten. Mit der Methode "anlocken und immer wieder verschwinden", macht sie ihn so spitz, dass der Fußfetischist seine Macht missbraucht und alle Frauen des Landes zwingt, einen alten Latsch anzuprobieren, während er sie gleichzeitig keines einzigen Blickes würdigt. Das junge Mädel muss aber auch einen abartig geformten Fuß gehabt haben. Jedenfalls passt der Schuh keiner einzigen Frau im ganzen Königreich. In der Hoffnung seinen Irrsinn ausnutzen zu können, lässt die ihre Kinder liebende Schwiegermutter eine ihrer Töchter sich sogar eine Ferse abschneiden, um in den Schuh zu kommen.

Mütter tun eben alles für ihre Kinder!

Der Schuh ist dann voller Blut und den zieht das Aschenbrödel, wie der Schmutzfink-Fatale genannt wird, mit Begeisterung auch noch an.

Halten wir fest:

Am Ende heiratet der arbeitsscheue Sohn in Regierungsverantwortung ein gerissenes Weib ohne Familie, Einfluss und Eigentum. Sein Vater macht gute Miene zum bösen Spiel. Zurück bleiben drei frustrierte Frauen auf einem Gutshof. Von denen ist jetzt verstümmelt ist und humpelt. Es fehlt außerdem eine Magd. Sie haben eben alle einen an der Klatsche und welche Rolle spielten die drei Nüsse? Die sind entweder Schleichwerbung eines großen Modehauses, die Kleider aus Nüssen schlüpfen lassen oder eben nur phantasievoller Blödsinn.

Spätestens seit 1973, als die Tschechen darüber einen Film in Moritzburg drehten, wissen wir, dass die ganze „Gang" sächselte. "Herzlich willkommen gnädige Dame" hörte sich also in der Realität vermutlich so an "Gries düsch, meine Gutschte."

Da am Schluss das ganze irre Zeug auch noch gut ausgeht, ist dieses Märchen so gar nicht für Kinder geeignet. Es sollte eine Lehre für alle Väter sein, die nicht hart genug bei ihren Söhnen durchgreifen. Bezüglich Aschenbrödels frage ich mich auch, was das heutige Jugendamt dazu sagen würde.

Ich denke mir jedenfalls lieber selbst Märchen und Geschichten aus. Das ist dann nicht ganz so blutrünstig und irre. Die Kleinen lernen wenigstens was und die Moralkeule kann ich selbst dosieren. Das macht Spaß.

Wobei.... Der Wolf ist in unseren Wäldern ja wieder zurück und ein rotes Cape kriegen wir auch noch irgendwo her.

Nachruf: Einen Tag nach der Fertigstellung dieses Kapitels starb die Darstellerin von Aschenbrödel Libuse Safrankova am 09.06.2021 im Alter von 68 Jahren. Ich habe sie als Kind sehr gern gesehen.

Wissenswertes:

Die Femme fatale ist ein besonders attraktiver und verführerischer Frauentypus, der – mit magisch-dämonischen Zügen ausgestattet – Männer erotisch an sich bindet, sie aber auch manipuliert, ihre Moral untergräbt und sie meist auch auf „fatale" Weise ins Unglück stürzt.

# Kapitel 3

## Eine ganz normale Familienradtour

Ich muss es einfach zugeben. Ich beneide Familien, die am Elbradweg in Dresden mit ihren Kindern fröhlich und in perfekter Eintracht an mir vorbeiradeln. Alle sind vorschriftsmäßig mit Helm und Schutzhandschuhen ausgerüstet, tragen festes Schuhwerk und der überalterte Papa hat eine knallenge bunte Clownshose an. Sie trägt emanzipierte Kurzhaarfrisur, hat eine sportlich/vegetarische Figur mit wenig Brust und ist eigentlich nur am lila Helm als Frau erkennbar. Habe mal nachgelesen. Diese hautengen Strampelanzüge trägt man, damit der Körper dem Wind keinen Widerstand bietet. Welchem Wind bitteschön?! Durch die Kinder sind die so langsam, dass auch der wildeste Fahrtwind zum Stehen kommt. Eigentlich sehen beide wie Flitzer auf dem Fußballfeld aus.

Dabei haben sie vermutlich schon seit Jahren knochenknackenden Arthrosesex. Hoffentlich entwickelt keiner dieser Bioheinis Anzüge aus Naturdarm. Die würden sowas wegen der Nachhaltigkeit massenhaft anziehen. Und wenn doch, dann hoffentlich erst dann, wenn ich im Himmel mit Spartacus indianische Friedenspfeife rauche. Jedenfalls umgeben sich die Arthrose-Eltern mit dem Nimbus der intellektuellen Unantastbarkeit und haben die Welt bereits begriffen. Die Kinder radeln dennoch mühsam hinter ihnen her. Beim heiteren Berufe raten würde ich sie in der Kategorie unproduktiv aber gut bezahlt, mit intellektuell verseuchtem, aber langweiligem Berufsleben einordnen.

Wir hatten als „Normalos" jedenfalls unsere üblichen Probleme, bevor wir zu fünft zu unserer Radtour von Radeberg nach Dresden aufbrachen.

8,00 Uhr:

Ich habe das Frühstück fertig, aber niemand ist da.

9,00 Uhr:

Endlich Frühstück, habe aus Langeweile bereits 4 Pötte Kaffee getrunken und muss jetzt nachkochen.

10,00 Uhr:

Zwei von drei Kinderhelmen sind unauffindbar. Jemand blockiert eine halbe Stunde das Bad und lässt alle warten.

10,30 Uhr:

Endlich sitzen alle auf ihren Rädern. Beim Start springt direkt vor der Haustür eine Kette vom Rad meines Mittleren. Dann bemerke ich den viel zu wackligen Korb auf dem Gepäckträger meiner Frau und danach stelle ich fest, dass das Vorderrad meiner Jüngsten die Luft nicht hält. Also wird erstmal repariert – von mir. Alle steigen wieder ab und gehen ins Haus und warten auf mich.
Natürlich nicht ohne Bemerkungen wie: "Hättest du die Räder nicht vorher überprüfen können?" oder

"Wir sind spät dran, mach hin." Als ob ich daran schuld wäre, dass alle nicht aus den Federn kamen, oder unsere Schulkinder mir nicht sagen, wenn an den Rädern etwas kaputt ist. (Abgesehen davon fahre ich selbst sonst nie Rad. Basta!)

11:00 Uhr:

Die Reparatur ist abgeschlossen. Nebenbei stelle ich fest, dass jemand meinen alten Drahtesel benutzt hat und jetzt beide Leuchten fehlen. Natürlich war es niemand. Ich finde nach längerer Suche noch zwei Ersatzlampen und baue sie an.

11,25 Uhr:

In der Küche spielen sie seit einer Stunde zur Überbrückung Karten. Dann bin ich endlich fett- und ölverschmiert fertig und will mich waschen. Wieder ist jemand im Bad. Mein Handy fehlt auch. Ich bringe verschlossenes Bad und vermisstes Handy gedanklich zusammen und weiß jetzt auch, wo mein Jüngster ist. Meine Frau stellt fest, dass ich einen Ölfleck auf der Hose habe. Ich wechsele sie noch schnell. Dann regt mein Ältester an, noch kurz am Lebensmittelmarkt anzuhalten, er hätte nicht genug zu trinken dabei. Als ob der eine Liter ekligen Farbstoffwassers aus seinem Rucksack nicht reichen würde.

11,45 Uhr:

Als alle endlich wieder auf ihren Rädern sitzen, fällt meiner Frau auf, dass die Kinder in den letzten Jahren gewachsen sind und ich die Sättel noch einstellen könnte. Also steigen alle wieder ab und ich stelle einen Sattel nach dem nächsten auf die richtige Höhe ein.

12,00 Uhr:

Inzwischen wird die Morgensonne zur Mittagssonne und erste leckere Bratgerüche ziehen aus den Nachbarfenstern zu uns herüber. Als alle wieder auf ihren Sätteln sitzen, knurren uns die Mägen. Eigentlich wollte ich um diese Uhrzeit schon durch den Wald hindurch und an der Elbe sein.
Aber jetzt fahren wir endlich los. Doch jetzt muss ICH zur Toilette. Die vielen Tassen Kaffee fordern ihren Tribut. Drehe also nochmal kurz um.
Die Familie nutzt die Gelegenheit und geht inzwischen Getränke einkaufen. Mit den Lebensmittelvorräten auf dem Gepäckträger meiner Frau, hätte Dschingis Khan seine Truppen von der Mongolei bis nach Europa durchfüttern können. Ich habe einen dankbaren Moment, als mir klar wird, dass noch niemand einen mobilen Kühlschrank für Fahrräder erfunden hat. Der Transport wäre bestimmt meine Aufgabe geworden. Esse sowieso lieber eine frische Bratwurst vom Grill, als frisch gewölbte Stullchen, die der heißen Sonne schon stundenlang widerstanden haben.

12,30 Uhr:

Alle Einkäufe sind erledigt. Die Familie fährt lärmend in den Wald. Wir halten an einer der vielen Weggabe-

lungen an und versuchen uns anhand der Wander-
wegmarkierungen zu orientieren. Entweder hat einer
den Baum gedreht oder derjenige, der die Markie-
rung angebracht hat, kam aus dem Blindenheim. Zwei
Wege kommen in Betracht. Alle zücken ihre Handys
und versuchen über mobile Daten den Weg zu finden,
doch keiner hat Empfang. Ich mache einen Witz über
Hänsel und Gretel und das wir angesichts des Brot-
korbes genügend Brotkrumen mithaben. Nur mein
Ältester lacht, der ist übrigens auch auf der Brat-
wurstseite. Meine Frau brummelt etwas von falscher
Erziehung und fehlendem Vorbild in meine Richtung
und ich ignoriere es.

12,50 Uhr:

Wir stimmen ab und entscheiden uns für einen der
beiden Wege. Die Abstimmung verlief 3:2. Doch nach
ca. 15 Minuten biegt der Weg jedoch ab und wird im-
mer enger. Wir drehen um.

13,25 Uhr:

Wir sind wieder am Ausgangspunkt angekommen.
Die Familie ist jetzt gespalten, da die Verliererfrak-
tion aus der Abstimmung obenauf ist und lästert.
Meine Frau meint, dass jetzt eigentlich Zeit für ein
kurzes Mittagbrot sei.

14:00 Uhr:

Wir haben den Brotberg weiter dezimiert und fahren
weiter.

14:30 Uhr:

Zwei von fünf jammern über den unbequemen Fahr-
radsattel und wunde Hintern. Meine Frau teilt mit,
dass sie das Gefühl hätte, ihr Rücken würde gleich
zerbrechen. Ich murmele etwas in der Art von Weich-
eier, fehlender Bewegung und fortgeschrittener Ta-
geszeit vor mich hin. Zu laut. Meine Tochter hat Oh-
ren wie ein Luchs. Ich werde gerügt und verteidige
mich. Plötzlich fallen alle verbal über mich her. Als ich
leise sage "Ist doch aber wahr." stehe ich kurz vor der
Verbrennung auf dem Scheiterhaufen und fahre
stumm hinter allen her.

15:00 Uhr:

Der Älteste erinnert mich daran, dass sein Kumpel in
2,5 Stunden zum Computerspiel kommt und er zu
Hause sein muss.
Nächste Weggabelung. Die Schilder sind nicht viel
aussagekräftiger als bei Elli im Wunderland auf dem
gelben Backsteinweg: Hierhin, Dahin und Dorthin.
Wir können entweder Dresden 3 oder 5 Kilometer
auswählen. Trotz der fortgeschrittenen Tageszeit
entscheiden uns für den längeren Weg und hoffen, di-
rekt an der Elbe zu landen, was eine dumme Entschei-
dung war, wie sich später herausstellt.
Einer meiner Söhne bewirft dann noch aus Spaß beim
Fahren sein Schwesterchen mit einem Tannenzapfen.
Sie erschrickt und kommt mit einem Sturz in einen
stacheligen Brombeerbusch zum Halten. Endlich
kommt der Verbandskasten meiner Frau zum Ein-
satz. Vermutlich hat sie auch einen Feuerlöscher für
einen etwaigen Waldbrand dabei. Die Gelegenheit ist

aber günstig für einen kleinen Happs zwischendurch und alle langen bei den mitgeschleppten Brötchen zu. Ich begrabe innerlich meine feuchten Bratwurstträume und nehme mir auch eins.

15:50 Uhr:

Wir fahren weiter und stellen fest, dass uns der Weg mitten in der Stadt absetzt und die Elbe sich nicht in unmittelbarer Nähe befindet. Alle packt jetzt der Ehrgeiz. Bis zum Fluss wollen wir auf jeden Fall kommen. Auf dem Weg dorthin kommen uns die ersten behelmten Familien in ihren Strampelanzügen entgegen. Sie sind bereits auf dem Heimweg.

16:10 Uhr:

Wir sehen die Elbe und kehren um. Der Fuß vom Töchterchen schwillt bedenklich an. Und so steigen wir ab und schieben die Räder bis zur nächsten Bushaltestelle zurück.

17:30 Uhr:

Wir sind zuhause angekommen. Alle werfen sich aufs Sofa und gucken eine Naturdoku. Es geht um eine Radtour entlang der Elbe.

PS.:

Wir gehen jetzt nur noch wandern. Der Versuch einen eigenen Familienausflug mit Fahrrädern zu unternehmen, darf als gescheitert angesehen werden. Radtouren schauen wir uns dann doch lieber in der Glotze an.

Interessantes zum Schluss:

Wussten Sie, dass Slowenien nicht nur wunderbare Radwanderwege hat, sondern sogar ein eigenes Gütesiegel besitzt? Es wurde für radfahrerfreundliche Unterkünfte mit gutem Service für die Radler entwickelt. Sie bieten nicht nur slowenisches Essen an, sondern auch Tipps und Infos rund um die Wanderwege. Und wussten Sie, dass ein Vulkanausbruch zur Erfindung des Fahrrads führte? 1815 brach der indonesische Vulkan Tambora aus und sorgte für erntearme Sommer. Der Preis für Hafer schoss in die Höhe und Pferdehaltung wurde zu teuer. Karl von Drais, ein badischer Forstbeamter, stellte 1817 deswegen seine Laufmaschine mit einer Lenkvorrichtung vor. Sein Laufrad diente vorwiegend dem Waren- und Materialtransport. Es wog 22 Kilogramm, hatte Packtaschen, noch Holzräder mit Eisenreifen und eine Schleifbremse. Pedale gab es aber noch nicht. Drais radelte mit beachtlichen 14 km/h von Mannheim nach Schwetzingen. Das moderne Fahrrad lag in seiner Wiege. Heute sind Elektrofahrräder der neueste Schrei und die E-Lastenfahrräder dienen also wieder dem ursprünglich angedachten Zweck.

# Kapitel 4
## Oh du fröhliche Narrenzeit

Die Faschingszeit ist für viele Menschen eine Zeit, auf die sie sich mehr freuen, im Gegensatz zu einem Besuch der Schwiegermutter oder auf Durchfall. Fasching ist die Zeit der Narren. Der Begriff ist nicht zufällig entstanden. Nicht alle haben Spaß daran, sich wie Vollidioten zu benehmen, sich wie einer zu verkleiden oder zumindest so auszusehen. Nicht dass man mich falsch versteht, nicht gemeint ist ein schönes Bauchtanzkostüm an einer entzückenden, schlanken, langbeinigen, glutäugigen und langhaarigen Scheherezade mit Brüsten, an deren Spitze man Gefühle entwickeln könnte, wie Reinhold Messner 1981 nach der Besteigung des Gipfels des Shishapangma. Gemeint ist beispielsweise der humorlose Typ im Anzug vom Nachbartisch mit seiner pummeligen Frau. Die Phantasie des Pärchens reicht offenbar nur zu einer spitz zulaufenden Glitzertüte auf dem Kopf, festgezurrt mit einem Gummiband um das Kinn, während sie sich wider des gebotenen Anblickes hartnäckig jeglicher guten Stimmung verweigern.
An anderen Tischen sitzen selbsternannte Spaßvögel bei viel Alkohol, deren halbstündiger Spaßhöhepunkt darin besteht, in vorhersehbaren Abständen eine Handvoll Konfetti hochzuwerfen, sodass alle verzweifelt ihre teuren Sektgläser zuhalten.
Nach ein bis zwei Stunden sitzt dann eine erste alkoholisierte Clique auf dem schmutzigen Boden, rudert wild mit den Armen und singt: "Wir sitzen alle im selben Boot."

Wer nicht mit im Fußbodenboot sitzt, läuft im Kreis, fasst fremde Leute von hinten unsittlich an und grölt lauthals den Spaghettisong, bei dem das verschimmelte Essen von selbst vom Teller wandert: "Und los geht die Bolognese."

Parallel zu all dem, demonstrieren Pärchen die Ergebnisse jahrelangen Tanztrainings, was einen Teil der Anwesenden Halb- und Nichttänzer derart deprimiert, dass sie en masse die Tanzfläche stürmen, sodass die Turniertänzer derart hin und her geschupst und in ihre Rippen gestoßen werden, bis sie verzweifelt aufgeben. Das Ganze passiert in einem immer übler riechenden Luftgebräu aus Schweiß, Essensdüften und Alkoholschwaden, bei dem sich der DJ genötigt sieht, weiße Qualmschwaden in den Raum zu pusten um ihn aufzuhellen und die Lautstärke hoch zu drehen.

Die Betrunkenen sehen sich im bunt flackernden Disconebel irgendwann nicht mehr, was die sexuelle Anonymität erhöht und Asthmatiker, die die Lebensfreude durch lauten Husten stören, sind jetzt endlich aussortiert.

Jetzt steigt die Stimmung und alle geraten in eine Art temporären Hirnschaden, der jeden Drogenkonsum neidvoll in die Schamecke verbannt.

Fremde Menschen bilden im vernebelten Beisein ihrer Partner wilde Knutschknäuel. Und selbst der verklemmte kleine Dicke, der sich als Hausfrau mit Klobürste verkleidet hat, bekommt eine Figur auf den Schoß, über die er am nächsten Tag entsetzt erfährt, dass sie auch ein Mann war.

Der Abend nähert sich dann gegen drei Uhr morgens dem gesellschaftlichen Höhepunkt. Hinter den zugezogenen Gardinen sitzen auf den Fensterbänken die ersten Alkoholleichen und schlafen ihren Rausch aus. Vor den Ausgangstüren knien hoch angesehene Gäste, die ihr Essen in den Schnee auswürgen und mit trüben Blicken schwankend wieder sich erneut der Herausforderung stellen. Manche sind so begeistert, dass sie parallel fremde Menschen umarmen und knutschen, egal ob diese das wollen oder nicht.

Kurz vor Sonnenaufgang:
Verantwortungs- und verkehrsbewusste Faschingsjockel mit Eins-Komma-Nochwas-Alkoholpegel im Blut, warnen lautstark grölend morgendliche Autofahrer vor der Faschingshochburg, und laufen dabei in Gruppen Schlangenlinien auf der Straße.

Der nächste (oder selbe) Tag beginnt dann mit Kopfschmerzen, verkaterten Ehestreits und verblüfften Blicken in die Geldbörse. Auf Arbeit sitzen unternehmerisch wertlose und arbeitsunfähige Mitarbeiter, die medizinische Hilfe benötigen
Und jetzt kommt die erstaunliche Fähigkeit des Homo Sapiens Karnevalensis zur kollektiven Verdrängung zum Tragen. Bereits am Abend danach erinnern sich alle an einen schönen Abend voller Stimmung. Und nächstes Jahr gehen alle wieder hin. Nach dem Fasching ist eben vor dem Fasching.

PS.: Ich mag eigentlich Fasching, hatte nur gerade einen Clown verschluckt.

PPS: Sollte das mit dem Clown nochmal passieren, sind auch Karneval und Kinderfasching dran. Ist aber nicht meine Schuld, sondern die vom Clown.

Interessantes zum Schluss:

Karneval wurde bereits vor 5.000 Jahren in Mesopotamien gefeiert. In Babylon dauerte die Feier sieben Tage. Im Karneval kennen die Menschen keine Unterscheidungen nach arm oder reich, oben oder unten. Das Prinzip hat sich bis heute erhalten, auch wenn die Römer noch einen anderen Sinn in das fest legten und den Gott Saturn ehrten, wobei sie sich mit kleinen Rosen überschütteten. Daraus entstand übrigens der Brauch mit dem Konfetti, welches uns noch Wochen nach der Feier begleitet. Im Mittelmeerraum gibt es ähnliche Feste. Jedoch feiern sie dort das Erwachen der Natur.

# Kapitel 5

## Sommer, Sonne und Urlaub

"Urlaub bildet", heißtes. Ich wage zu bezweifeln, dass das überall gilt. Zumindest kommen viele Urlauber mit den Einheimischen nur noch in Kontakt, wenn diese den Pool reinigen, das leergefressene Pizzabuffet nachladen oder sie beim Einkaufsbummel zwischen zwei Hotelmahlzeiten übers Ohr hauen. Ich kann da aus eigener Erfahrung regelrechte Geschichten erzählen.

In Tunesien stahl ein Einheimischer die Früchte der Kakteen von der Hotelanlage und verkaufte sie den Touristen gleich am Eingang mit den Worten: „Kommscht du, guckscht du, kommt alles frisch aus Wüste." Es kostete nur den dreifachen Preis. Die Gäste begegneten auch ständig ihren Köchen. "Ah, kennscht du misch nischt. Bin isch Koch von deine Hotel. Lade disch ein. Trinken Tee. Nix sonst." Am Ende fand man sich in der Medina in einer Teppichverkaufsbude wieder, umzingelt von bedrohlich wirkenden Männern, sozusagen die arabische Variante einer Kaffefahrt.

In anderen Gegenden des Erdballs werden Touristen mit reparaturbedürftigen Autowracks von einer Menschenansammlung zur anderen geschippert, damit sie dort Billigsouvenirs mit Bildern von einer Sehenswürdigkeit erwerben, die sie vorher schon ausführlich bei YouTube gesehen oder gegoogelt hatten. (Man darf ja nichts dem Zufall überlassen, sonst wird es ein Reinfall.)

Ich nahm vor einigen Jahren in Asien mit Teilen meiner Familie an einer Safari teil. Von der Laderampe des kleinen LKW konnte ich, weil ich direkt hinter und über ihm saß, den Fahrer beobachten. Er rüttelte plötzlich hektisch an dem Steuerknüppel herum und zog ihn dann wie einen Löffel aus dem Joghurt einfach heraus. Als der Fahrer plötzlich den Stab in der Hand hatte und ihn mit offenem Mund verblüfft anstaunte, schloss ich das erste Mal in meinem Leben mit selbigem ab. Okay, ich gebe zu, dass es nicht das erste Mal war; das war eigentlich zu Ende, als ich mein Jawort gab.

Durch das Loch konnte ich jetzt den vorbeiflitzenden Boden sehen. Da der Fahrer nicht mehr schalten konnte, ging es halsbrecherisch mit 40 Sachen durch den Naturpark. Es ging quer über schräge Steinplatten, durch Wassertümpel und über unangenehm quietschendes und vom Leben Abschied nehmendes Getier zielstrebig zum Ausgangspunkt zurück. Was auf den Naturpfaden viel zu schnell war, war auf der Straße zu langsam und an roten Ampeln echt lebensgefährlich. Auf den Bänken der Ladefläche saßen entsetzte Menschen, die sich wortlos und kreidebleich gegenseitig in die Arme genommen und mit ihrem Leben abgeschlossen hatten, so wie es bei Hochzeitspärchen der unterlegenen Hälft geht. Wir waren dann auch mehrere Stunden früher von unserer „Speedsafari" zurück. Der Fahrer stieg aus, grinste uns an, fragte wie es uns gefallen hätte und verlangte dann jede Menge Trinkgeld. Als es viel kleiner ausfiel als sonst, trabte er beleidigt ab. Ich frage mich bis heute, wieso da jemand Trinkgeld geben und wer das gewesen sein könnte.

Der Spruch "Wenn einer eine Reise tut, dann kann er was erzählen" stimmt also. Man kann immer was erzählen. Meistens fällt es aber nicht so sensationell aus. Wie zum Beispiel bei unseren Bekannten, wo der Olle auf der anderen Seite des Erdballs am Pool freidrehte. Grund war, weil fünf Uhr morgens bereits alle

Liegen mit Handtüchern reserviert waren und er für sein Handtuch keine freie Liege fand. Weit und breit war nur ein Gärtner zu sehen, der die Pflanzen goss. Er drehte auch frei, weil jede Nacht grauenvoller Lärm von den Poolbands heraufdrang. Oder als er die ganze Nacht von Mücken bis zur Unkenntlichkeit ausgesaugt wurde. Und dann nochmal, als seine blutleere menschliche Hülle mit tiefen Augenrändern erkannte, das Mosquitos gar nicht auf Mückenspray reagieren.

Dann hat sich am zweiten Tag sein Kind überfressen, zu viel Kaltes getrunken, ständig herumgejammert und sich zwei Tage lang den Wanst gehalten. Gott sei Dank konnte die Urlaubsbekanntschaft, eine Familie aus dem Nachbardorf mit altvertrauter Arznei aushelfen. Man weiß ja nie, was die Ausländerapotheke vor dem Hotel an Voodooarznei so verscherbelt. Wahrscheinlich gibt es für Erektionsstörungen getrocknetes und fein abgeschmecktes Elefantenvorhautpulver. Da sollte man beim Elefantenreiten mal drauf achten, ob die Tiere beschnitten sind also drunterkriechen und Beweisfotos machen. Oder sie verkaufen einem Einreibtinkturen aus Ohrläppchen von zart gedünsteten Uhus im Placebomantel gegen die Folgen der Moskitostiche. Und die Salben erst, die wurden wahrscheinlich bei satanischen Tänzen, in Kupferkesseln aus der Kolonialzeit, aus Knochenresten des Heiligen Geistes und eingelegten Netzhäuten von Froschaugen, gewonnen. Man hat ja schon vieles gehört, was da so angepriesen wird, um die Verstauchungen gestolperter Touristen zu kühlen. Nein, da leidet man sich lieber durch ganzen Urlaub hindurch und geht dann zuhause zum Arzt. Da weiß man, was man hat.

Aber wenn wir schon beim Abschweifen sind, dann richtig.

Kleine grüne Hotels von Einheimischen taugen näm-
lich nicht viel. Da ist zu wenig los. Das Speisenangebot
ist nicht in Ansätzen europäisch. Es gibt Einheimi-
sche, die man nicht versteht und Bauwerke ver-
schwinden überflüssig angepasst unter Bäumen, sind
also schlecht zu finden. Wohingegen die großen Anla-
gen der globalen Reisegiganten immer perfekt gele-
gen sind. Sie sind superleicht zu finden, da sie sogar
die Berge im Hintergrund verdecken. Und beim
Tsunami kann man mit einem Drink in der Hand mit
dem Fahrstuhl ganz nach oben fahren und filmen, wie
die Einheimischen mit lustigem Geschrei mit ihren
Holzhütten ins Landesinnere gespült werden.
Ein weiterer Vorteil von Hotels mit tausenden von
Gästen besteht darin, dass man zu den Mahlzeiten
sehr lange unterwegs ist - eine halbe Stunde Mini-
mum hin und dann wieder zurück. Jeder Gang macht
schlank, auch der zur maßlosen Nahrungsaufnahme.
Besonders romantisch ist es, wenn dann bei Kanti-
nenflair mit hunderten lärmender und schupsender
Gästen echte Heimatgefühle aufkommen.
Aus der 40. Etage hat man jedenfalls einen besseren
Ausblick als bei dem einheimischen „Erdloch" und
lernt nahezu immer kulturnahe Leute kennen. Das
entbindet von der Notwendigkeit, sich mit Fremden
und Fremdsprachen auseinandersetzen zu müssen.
Immerhin sind wir ja im Urlaub und nicht in der
Schule.
Die hohen „Urlaubsklopper" sind unser Zeichen von
Allmacht und verkünden: Wir machen alles platt.
Dort zu urlauben ist geil, weil jeder sich gern Siegern
anschließt. Selbst wohnt man allerdings in einer Dop-
pelhaushälfte mit Garten und würde nie in einen Plat-
tenbau ziehen. Im Urlaub ist das aber was anderes.
Die „Betonsärge" stehen ja auch nicht vor der eigenen

Haustür. Schön, dass die Urlaubsbekanntschaften alles wieder wettmachen. Es gäbe sonst keinen Anlass, eine andere als die eigene 27. (von 100) Etage aufzusuchen. Ich muss schon sagen, die Welt ist klein. Da muss man erst 5.000 Kilometer fliegen, um in der Ferne festzustellen, dass man zuhause nette Nachbarn hat. "Stell dir vor, wir wohnen nur vier Kilometer auseinander und treffen uns auf der anderen Seite des Erdballs. Da können wir uns später besuchen." Was dann aber nie einer tut. Man kam bisher auch ohne sie klar und wenn man beim Grillen dann deren Probleme aufgehalst bekommt, geht die ganze Urlaubserinnerung flöten.

Einheimische hat man jedenfalls im Urlaub nicht kennengelernt, obwohl die Putze die Handtücher immer zu schönen Tierfiguren formte und auch der Kellner mit den Servietten zauberte, wie Uri Geller.

Wenn von den 11 Urlaubstagen nicht zwei mit An- und Abfahrt, je zwei mit Jetlag und zwei mit Regenwetter verdorben worden wären, hätte man sich an den restlichen drei oder fünf Tagen auch ganz gut erholen können; wenn da nicht die Kinder gewesen wären. Urlaub ist eben immer zu kurz. Überhaupt wird es Zeit, dass die Kinder aus dem Haus sind und man an sich selbst denken kann. Fünftausend Euro für die Nörgeltruppe sind zu viel und drei Jahre später haben die dummen Gören eh alles wieder vergessen. Dabei stellt man als liebevolle Eltern jedes Jahr seine eigenen Bedürfnisse hintenan, nur um seinen Kindern das Beste zu bieten. Die sollen später mal nicht sagen können: "Andere Kinder sind mit ihren Eltern nach Hawaii geflogen und wir waren immer nur an irgendwelchen ollen Seen und guckten uns Städte und Schlösser an. Außerdem sind Radtouren blöd." Na ja stimmt auch irgendwie. Auf den Wanderwegen gibt's eben keine Animateure und kein WLAN. Da sind dann immer die Eltern schuld, die längst verlernt haben, wie Familienleben geht. Kein WLAN, das geht eben gar nicht. Um nochmal auf den Ollen zurückzukommen, den konnte unsere Bekannte im Urlaub von Anfang an vergessen. Der meinte, er zahle doch nicht so viel Geld für ein Hotel mit allem drum, drin und dran und außerdem noch alles inklusive und nutze es dann nicht. Von da ab sah man ihn nur mit alkoholischen Getränken unter dem Sonnenschirm liegen, die selbst einen Sonnenschirm drin hatten. Was der Sonnenstich beim Bier holen nicht erledigte, machte der Alkohol und was der Alkohol nicht schaffte, schaffte seine nächtliche Tiersafari nach dem tausendsten Moskitostich. Der Alte war nach dem Urlaub völlig breit und schlief drei Tage durch, während sie die Wäsche wusch.

Kein Wunder, dass der nette sportlich gebaute Italiener vom Pool, der ihr immer schöne Augen machte, während des Urlaubes Erfolg bei ihr hatte. Während der Alte wieder mal wütend und betrunken am Pool die Handtücher der reservierten Liegen vertauschte, oder in Mülleimer warf oder in einem seiner cholerischen Anfälle mit Ammoniak einsprühte, hatte sie den besten Sex ihres Lebens. Na ja, bis eins ihrer Kinder um die Ecke schaute und fragte: "Mami, was machst'n da?"

Daraufhin lernte sie schmerzhaft, wie schnell man seine mütterliche Autorität verlieren kann, wieviel die nächste Generation der Playstation kostet und das Bestechung des Nachwuchses teuer ist.

Vielleicht sollte das Auswärtige Amt eine generelle Reisewarnung für Familien in „all-inclusive-Hotels" aussprechen. Immerhin steht die Familie laut Grundgesetz Artikel 6 unter dem besonderen Schutz der Gesellschaft.

Wissenswertes:

Im Jahr 2019 wurden in der weltweiten Luftfahrt rund 47 Millionen Flüge gezählt. Im Jahr 2020 verringerte sich diese Zahl aufgrund der Corona-Pandemie auf 22 Millionen Flüge. Im Jahr 2019 gaben die Deutschen insgesamt noch rund 73,1 Milliarden Euro für Urlaubsreisen aus, im Jahr 2020 lagen die Gesamtausgaben bei lediglich rund 45 Milliarden Euro. Aber was solls. Im Urlaub gibt es doch immer zu wenig Datenvolumen und nur langsames Internet, oder?

# Kapitel 6
## Hurra, wir haben ein Haustier

Eigentlich möchte ich keine Tiere im Haus. Allein durch ihre Anwesenheit wird eine menschliche Behausung zum schlecht riechenden Stall, ein Flur zur Höhle oder es entsteht ein 50 x 40 x 60 großes Unterwassergefängnis für tropische Fische, die sich gegenseitig fressen. Wer will schon Würgeschlangen, die den ganzen Tag hungrig auf das süße neugeborene Baby starren oder einen Kakadu, der jedem Homo Sapiens im Wohnzimmer auf den Kopf kackt. Ich weiß nicht, ob der Kakadu früher sogar Kack-Adu geschrieben wurde. Diese Viecher sind jedenfalls dumm. Katzen haben dagegen viele Menschen im Haushalt und werden prompt zu ihren Bediensteten, ja fast Untergebenen.

Diese verlausten und verwurmten Vierbeiner haben es in sich. Gerade wollten die süßen Fellknäuel noch gestreichelt werden und schnurren, und dann schlagen sie plötzlich ihre Krallen in zartes menschliches Fleisch und hinterlassen wochenlang sichtbare tiefe Schmarren. Wir hatten mal so ein Raubtier, welches mehrfach Flöhe mitbrachte. Monatelang kratzte und juckten sich alle, bis ein Spray des Tierarztes, dem munteren Treiben und Vervielfachen ein Ende bereitete. Als das Parkett neu lackiert wurde, stolzierte das freche Vieh quer durch den frischen Lack, leckte ihn sich dann im Garten ab und kotzte anschließend in jedes Zimmer.

Hamster sind auch völlig unnütze Tiere, die nur Mühe machen und deren Fell nicht mal für eine Rheumadecke reicht. Sie nutzen jede Fluchtmöglichkeit, nippeln

ständig ab und taugen nur für den Einsatz zur Strom-
gewinnung im Hamsterrad, um in Notlagen eine
elektrische Kerze zu betreiben. Oder nehmen wir
Schildkröten her. Hartnäckig buddeln sie sich im Gar-
ten ins Freie und verschwinden ohne Dank. Außer-
dem sind sie für eine ordentliche Suppe zu klein. Ka-
ninchen kacken Murmeln in Lieblingsecken, sind un-
glaublich doof und haben neben einem gewissen
Streichel- eigentlich nur Speisewert. Zu Ostern zum
Beispiel. Bei meiner Schwiegermutter gab es jedes
Jahr nach der Ostereiersuche Kaninchenbraten. Das
hat was nachvollziehbar Morbides, so wie beim Weih-
nachtsmann, der sich selbst zum Aufessen ver-
schenkt. Hunde zerlegen Schuhe und ziehen beim
Spaziergang ihre Herrchen und Frauchen mit ihren
Häufchenbeuteln hinter sich her, als ob sie Termine
hätten.
Mir jedenfalls reichen die täglichen Kämpfe gegen
Spinnen in den Zimmerecken völlig, die herbstlichen
Besuche von Mäusen oder die allgegenwärtigen Flie-
gen und Motten, die alle Glasscheiben voll kacken und
Lebensmittel versauen.
Verstehen Sie mich nicht falsch. Ich mag Tiere, sin-
gend im Baum, schwimmend und laufend in freier
Natur oder alternativ fein gewürzt in dünnen Schei-
ben auf frischem Brot.
Ganz ehrlich, wer als Kind Mitleid mit der Weih-
nachtsgans Auguste hatte, hat noch nie versucht, un-
verletzt über einen Hof mit freilaufenden Gänsen zu
gelangen.

Und jetzt wird es auch Zeit zur eigentlichen Ge-
schichte zu gelangen. Ich bin nachvollziehbar ein
Tierliebhaber, der gerne rennt, ohne die Damenwelt

damit irgendwie beeindrucken zu können, Hunde schon gar nicht. Dabei hatte ich das volle Programm an Spreiz-, Senk- und Plattfüßen. Dennoch hatte ich es mir in den Kopf gesetzt, täglich eine Runde in unserer bergigen Gegend herumzurennen. Meine übliche Tour hatte fünf Kilometer und konnte bei Lust und Schatten auf 10 ausgeweitet werden. Damals wohnte ich noch bei meiner Mutter und meinen kleinen Geschwistern. Die Gegend war sehr bergig und Laufen eine echte Herausforderung.

Kurt, ein bärtiger KFZ-Sachverständiger, hatte vor einem Jahr meine Mutter kennen gelernt und war nach Ablauf der Probezeit bei uns eingezogen. Früher hatte er mehrere Schäferhunde auf seinem eigenen Grundstück frei herumlaufen. Doch dann kamen die blöden Vierbeiner eines Tages auf die Idee, das Dorf näher kennenlernen zu wollen. In jeder Ecke hatte danach jemand auf seinem Hof totgebellte Karnickel zu beklagen, gestorben an Schockzuständen. Kurt hatte in einer tagelangen Entschuldigungstour alle Geschädigten mit Geld und Ersatzhasen befriedet. Jetzt vermisste er seine Hunde. In endlosen Debatten hatte er Mutti zur Anschaffung eines Riesenschnauzers überredet. „Ich werde mich um ihn kümmern. Ihr habt damit nichts zu schaffen." Was natürlich dann ganz anders kam. Diese schwarzen Kastenhunde sehen vorn wie hinten gleich aus, wie viereckige Werkzeugkästen mit Fell. In Afrika sind sie bis heute als scharfe Wachhunde bekannt. Damals wurden sie noch kupiert, also mit abgeschnittenen Schwänzen geliefert, was ihnen ein gefährlicheres Aussehen verlieh.

Eines Nachmittages holte sich Kurt von einem Züchter einen Welpen. Unser Kater drehte bei seinem Anblick bereits in der ersten Minute mit gesträubtem Fell und Buckel laut fauchend durch.

Die Ohrfeigen, die er dem kleinen Hundemädchen zur Begrüßung verpasste, hatten es in sich. "Sie braucht viel Auslauf." verkündete Kurt mit liebevollem Blick zum Hund und Drohgebärde zur Katze und Mutter meinte zu mir: "Nimm sie doch mit, wenn du wieder rennst." Eine gute Idee, wie Kurt und auch ich fanden. Den ganzen Abend heulte und weinte dann die kleine einsame Frätz*In an ihrem ersten Tag bei uns, einsam in ihrem Stall herum. Erst als ich sie aus Mitleid zu mir ins Zimmer holte, war Ruhe. Seitdem hatte ich einen Stein bei ihr im Brett. Wobei, klein war was anderes. Bei anderen Hunderassen hätte sie bereits als ausgewachsen gegolten. Das nur wenig später ein bedrohlich knurrender Schrank mit einer Schulterhöhe von 67cm versuchen würde, zu mir ins Bett zu kriechen, hatte ich nicht bedacht. Sei's drum.

Am nächsten Tag brach ich dann zu meinem morgendlichen Lauf auf. Berg rauf, Berg runter, an Wiesen und Gärten vorbei. Um mich herum tollte ein fröhlicher Hund. Es war sein zweiter Tag bei uns. Das Wetter war kalt aber sonnig und nach fünf Kilometern entschied ich mich daher für die größere Runde. Es machte Spaß, auch wenn der Hund am Ende öfters sitzen blieb, nur um dann wieder voraus zu rennen. In dieser Nacht war im Zwinger Ruhe. Bewegung und frische Luft sind eben gesund.

Am nächsten Morgen weckte mich die laute erregte Stimme von Kurt: "Der hat den Hund umgebracht. Unglaublich, der Hund ist tot." So schnell war ich noch nie aus dem Bett. Der Welpe lag noch genauso da, wie ich ihn abends verlassen hatte, rührte sich nicht, war eingepinkelt und durch leichten Nachtfrost fest angefroren. Es war sein dritter Tag. Vielleicht hätte er doch nicht zu uns ziehen sollen.

Schnell stellten wir aber fest, dass er noch lebte. Also schabten wir sein Fell mit einem Malerspachtel vom Boden und fuhren zum Tierarzt, die einen mit Tränen in den Augen und schlechtem Gewissen und Kurt mit Wut im Bauch. Der Tierarzt lachte jedoch nur und meinte, der Hund habe einen simplen Muskelkater. Ein paar Tage Ruhe und Traubenzucker, dann wäre alles wieder okay. Ein Riesenschnauzer mit Muskelkater! Wer hat so etwas schon mal gehört.

Danach lag der Familienzuwachs zwei Tage auf der Terrasse unbeweglich in Decken eingewickelt in der Sonne herum. Der Kater war völlig irritiert, schlich ständig fauchend um die kleine Hündin herum und ohrfeigte sie noch ein paar Mal. Dem Welpen war das egal. Er durchlebte gerade eine Nahtoderfahrung und dachte, er müsse sterben. Dann lagen am zweiten Tag die Katze angekuschelt auf der Decke. Die beiden Tiere wurden dicke Freunde, und waren es auch Jahre später noch, als die Hündin ihre Endhöhe erreicht hatte, welche sie von der Zucht ausschloss.

Und so kam es, dass ein morgendlicher Lauf eine unzertrennliche Tierfreundschaft begründete, die erst mit dem Tod der Katze endete.

PS.:

Dass das neue Haustier nach und nach Sessel, Sofa und Bett eroberte lag natürlich nicht an uns; Nein, überhaupt nicht!

Wissenswertes:
Die ersten Haustiere gab es bereits vor 120.000 Jahren. Der Hund gilt als der erste Begleiter des Menschen. Haustiere können Nutztiere sein, wie Pferd, Ziege, Esel, Geflügel, Rind oder Schwein oder sie sind menschliche Begleiter oder Prestigeobjekte. Auch heute gehen die Kulturen unterschiedlich mit ihnen um. Im Islam sind sie Mittel zum Zweck; Buddhisten fegen jedoch Insekten mit Palmwedeln weg. Spiritisten bezeichnen sie als Kleine Seelen an der Seite der großen Seelen, uns Menschen. In der Wiedergeburtstheorie werden Tiere als Stufen der Weiterentwicklung betrachtet. Tiere und Götter sind oft eng miteinander verwoben. In Indien und Sri Lanka gelten Kühe als heilig. In westlichen Ländern nimmt der Tierschutz eine immer größere Rolle ein und das ist gut so, denn wir sind alle Bestandteil der Natur.

# Kapitel 7

## Ich (also meine Frau) wollte doch nur ein Sofa

Zu einem gemütlichen Wohnzimmer gehören optisch ansprechende, praktische und gemütliche Sitz- und Liegemöbel – sollte man meinen. Eine Funktion für ein zusätzlich ausklappbares Gästebett wäre nicht schlecht oder etwas Stauraum. Sich mal auf dem Sofa lang ausgestreckt hinlegen, mit Frau, Kindern oder dem Hund knuddeln oder mit mehr als zwei Gästen Kaffee trinken können, ja das wären Wohnzimmermöbel nach meinem Geschmack. Ich will ja dort leben, nicht nur wohnen. Doch bin ich ein spartanischer Mann und als solcher würden mir normalerweise ein Bett, ein Schrank und fürs Frühstück ein Stehplatz am Fenster, also ein kleines Zimmer reichen. Wenn ein lediger Mann jedoch zum verheirateten Mann mutiert, dehnt sich der Wohnraum mindestens auf das Drei- bis Vierfache aus. Mit jedem erfolgreichen folgenreichen Sex schrumpft der eigengenutzte Raum neun Monate später wieder ein. Für verheiratete Männer und Väter rücken eigene Kinderzimmer in weite Ferne. Selbst schuld, wenn sie auf ihr eigenes Refugium bis zum Einzug ins Altenheim warten müssen.

In den letzten 20 Jahren hatte meine Familie aus rein sachlichen Überlegungen heraus, immer nur Möbel vom Sperrmüll. Doch jetzt turnten keine galaktischen Zerstörer, als keine Babys und Kleinkinder, mehr durch unsere Wohnhöhle. Jetzt zog niemand mehr Tapete von der Wand, verteilte AA und Windeln in dunklen Ecken oder applizierte Brei, Spinat und Schmierschokolade auf der Einrichtung. Es wurde also Zeit zur Veränderung. Ab da lief dann alles so, wie man es nicht möchte.

Zunächst kam meine bessere Hälfte mit ihrer wunderbaren Idee einer neuen Wohnzimmereinrichtung auf mich zu und ich sah uns bereits gemütlich bei Kerzenschein und Wein, Arm in Arm auf dem neuen Sofa; und so weiter eben. Begeistert fing jeder für sich an, nach geeigneten Möbeln zu suchen. Vielleicht hätten wir uns vorher auf die grundlegenden Auswahlkriterien einigen sollen. Taten wir aber nicht. Wir lassen uns eben gegenseitig Freiräume. So schlug sie am PC die Seiten der Möbelhäuser auf und ich suchte dagegen auf dem Handy zunächst bei Ebay. Sie gab Preisbeschränkungen ein. Ich suchte dagegen nach Einrichtungsvorschlägen ohne auf den Preis zu achten. Sie hatte ein Gesamtkonzept des Wohnzimmers mit farblich neuem Anstrich der Wände im Sinn. Ich wollte dagegen den, so gar nicht zusammenpassenden, Holzdesignreigen der vielen Zufallskauf-Schränke und Regale durch praktischeres, ästhetischeres und zusammenpassendes beenden. Und dann wollte sie plötzlich ein weiteres altes Erbstück dem Sammelsurium hinzufügen. Die Quadratur des Kreises kündigte sich an.

Als Freunde und Nachbarn zum Kaffeetrinken kamen, verkündete sie ihr Konzept und ich sofort hinterher das meinige. Wir waren beide mehr als überrascht. Mir kam der Spruch: ‚Gegensätze ziehen sich an.' in den Sinn. Wir reagierten wie falsch gepolte Magnete und rückten sogar etwas auseinander.

Die Nachbarn machten amüsierte und wissende Gesichter. Dann erzählten die einen, dass sie gerade dabei seien, sich aus Paletten etwas zu basteln, weil es ja doch nichts Gescheites gäbe und außerdem alles so teuer sei. Die Jugendfreundin meiner Frau pries ihre praktische Wohnung an, hatte sie sie doch vor einem Jahr kostengünstig auf Ikea umgerüstet.

So unterschiedlich kann es kommen. Zwei von drei Familien saßen also wohlig zufrieden inmitten zusammengenageltem Feuerholzes und wir bis jetzt, im Sperrmüll, also irgendwie auch im Feuerholz. Ich begriff, dass wir, wollten wir beide Vorstellungen umsetzen, anbauen müssten. Wir bräuchten mindestens zwei Wohnzimmer zuzüglich des Erbes eines alleinstehenden Multimillionärs.

Als die Gäste gegangen waren, stellten wir unsere Streitfähigkeit unter Beweis. Tagelang ging es hin und her. Obwohl ich bereits nach einer Stunde nachgegeben hatte und zu meinem zarten Weibchen meinte: "Schatz, lass es uns nach deinen Regeln einrichten. Ich ziehe all meine Vorschläge zurück." War der Frieden dahin. Etwas Dümmeres hätte ich nicht sagen können. Ich bekam beleidigte Sätze mit unterschwelliger Aggression an den Kopf geworfen, wie: "Ich will es aber dann nicht gewesen sein." oder "Wenn es dir nicht gefällt, kann ich mir jahrelang Genörgel anhören." Am Ende hatte sie ihren ehelichen Möbelkaufaussteiger wieder eingefangen und die Diskussion konnte fröhlich weiter gehen und wurde, wen wunderts, nach ihrem Sinne entschieden. An einem verregneten Wochenende zog dann unsere gesamte Mannschaft incl. unlustiger Kinder durch die Möbelhäuser.

Auf die Idee, dass man dort nur Möbel zum Hinstellen, aber nicht zum Wohnen anbietet, wäre ich nicht gekommen. Das machen eigentlich nur teure Designerhäuser. Stundenlang liefen wir viele Kilometer vergeblich durch endlose zugestellte Gänge mit gleich aussehenden oder viel zu teuren Sofareihen. Hätten wir die Runde unter Alkohol begonnen, hätten wir am Ende nicht ernüchterter sein können. Das ganze Möbelhaus war eine einzige Ernüchterungszelle und so ging es weiter, von einer zur nächsten „Möbelhalde".

Für eine der reichlich vorhandenen übermäßig großen und überteuerten Sitzecken, war bei uns sowieso kein Platz. Konnte man denn kein Sofa herstellen, welches gemütlich, praktisch und optisch ansprechend war? Entweder hatten sie runde Ecken, die jeden, der sich hineinkuschelt, früher oder später auf den Boden abrutschen ließ oder sie wurden durch Modulbauweise zu einer Anschaffung, die die Reserven für die Rente aufbrauchten. Alle Sofas, bis auf einige überteuerte Monster, waren nicht auf Kuschelnde ausgerichtet. Irgendwas fehlte immer, von der fast immer gleichen minderwertigen Optik ganz abgesehen, meist mehreres. Sie hatten zu niedrige Lehnen, keine Kopfstützen, keine Liegefunktion, kein Staufach, keine absenkbaren Einzelteile zum Hinlegen, keine pflegeleichten Polster oder nicht in der passenden Farbe usw. "Nein, in dem Design haben wir das Sofa nicht. Dieses ist nicht in der gewünschten Größe verfügbar. Jenes ist nicht verkaufbar, weil es ein Ausstellungsstück ist.

Was sie uns im Internet zeigen, ist vom Hersteller schon längst aus dem Sortiment herausgenommen worden.

„Wir wissen natürlich was Sie meinen, aber so etwas bietet unser Haus nicht an." erscholl es im Chor der beiden ratlosen Berater, die sich in einem dieser Möbelfriedhöfe unserer suchenden Ratlosigkeit angeschlossen hatten. Sie wussten natürlich nicht, was wir suchten. Und so trieb das familiäre Geisterschiff mit den zur endlosen Suche Verbannten tagelang, gefühlt aber mindestens mehrere Ewigkeiten, in den schaurigen Hallen der gepolsterten Unerträglichkeit herum, irrte heimatlos und besetzt mit verzweifelten Vagabunden jeglichen Alters, die immer noch kein vernünftiges Sofa in ihrem Zuhause ihr eigen nennen konnten, wie Odysseus auf der Suche nach der verlorenen Heimat, geführt von sinnlos auf den Böden von düsteren Gängen aufgemalten Pfeilen, begleitet von den sirenenhaften Lockgesängen elfenhafter Verkäufer aus unsichtbaren Boxen, unrasiert, mit wirren Haaren, einsam und mit freudlosen Augen in denen die Hoffnungslosigkeit sich in zarten Tränen manifestiert hatte, halbverhungert durch ein Matratzen- und Polsterparadies nach dem anderen. Irgendwann ertrugen wir sogar die endlosen Billighallen eines schwedischen Einrichtungshauses, was mit einem mit Ketchup, Senf und Gurkenhäppchen eingeschwemmten schwedischen „HOT DOG", für unseren kraftlosen Haufen endete, der dadurch wieder etwas Lebensmut zurückerhielt.

Zum Schluss landeten wir wieder da, wo wir angefangen hatten und fischten aus dem Meer lebensferner Möbel, das am wenigste Entfernte heraus. Das stellten uns dann die Lieferanten, zum falschen Zeitpunkt und als natürlich niemand da war, zum krönenden Abschluss bei Regen mitten auf die Straße. Sie fuhren nämlich nicht wie angegeben mit einem kleinen, sondern mit einem riesigen LKW vor. Dadurch kamen sie die Einfahrt nicht hoch und wir waren froh, dass die Polen, die immer nach verwendbarem Sperrmüll Ausschau hielten, sie nicht einfach aufgeladen und mitgenommen hatten. Womit sich der Kreis geschlossen war, der mit Sperrmüll seinen Anfang genommen hatte.

Als das Wohnzimmer endlich im Glanze des Kompromisses erstrahlte, dachten alle über die Erfolgsaussichten nach, sich die entgangene Lebensfreude vergüten zu lassen oder ob man sie als außergewöhnliche Belastung steuerlich geltend machen könnte

Das nette "Beehren Sie uns bald wieder." der beiden Verkäufer schallte uns noch höhnisch in den Ohren.

Nein, so schnell wohl nicht.

PS:
Ich für meine Person hatte schmerzhaft Verständnis dafür entwickelt, warum sich jemand aus Feuerholz selbst Möbel baut und wusste wieder den Wert mitgenommener Möbel von der Sperrmüllsammlung zu schätzen. Hindernisse gemeinsam zu überwinden, schweißt zusammen. Möbelkauf gehört dazu.

PPS: Jetzt ist mir auch klar, warum man in anderen Kulturen auf dem Boden sitzt: weil Männer dort das Sagen haben.

Nur am Rande erwähnt:

Möbel kommt aus dem lateinischen Begriff mobilis.
Mobilis = beweglich

Immobiel=unbeweglich

Mit der Entstehung der Möbel im Altertum entstanden neue Kunstformen, die Stilrichtungen: Romantik, Gotik, Renaissance, Barock, Rokoko Klassizismus, Altdeutscher Stil und Moderne, wie der Bauhausstil.

Medizinische Möbel und SM-Möbel können manchmal identisch sein, aber nur manchmal. Aber da ich mich da nicht auskenne, können sie ja mal ihren Nachbarn oder Therapeuten danach fragen.

# Kapitel 8

## Karl-Heinz das kritische Baustellenmaskottchen

Auf Baustellen arbeiten nur zart besaitete Männer, was für die hier Anwesenden nichts Neues sein dürfte. Sie werden zu Unrecht als Baubudenrülpse bezeichnet und sind vielmehr sehr teilnahmsvoll, nehmen Rücksicht auf die Leistungen anderer und arbeiten manchmal sogar fremde Unzulänglichkeiten kostenlos nach. Sie achten darauf, nichts kaputt zu machen und sind stumme Bewahrer außerordentlicher Leistungen.

Sie glauben es nicht? Alles nur Schmutzfinken, denen man auf die Klopfoten gucken muss? Nun, dann darf ich Sie anhand eines tatsächlich passierten Beispiels eines Besseren belehren.

Es war einmal vor nicht allzu langer Zeit. Auf einer Großbaustelle hielt nach einem schlammigen und verregneten Herbst der Winter mit eisiger Nachtkälte und vereinzelten Schneeschauern Einzug. Früher hätte man die Arbeiten eingestellt. Doch jetzt gab es in dieser Branche einfach kein Wetter mehr. Geizige Kaufleute, gierige Banker, unwissende Bauherren mit ihren idiotischen Planern mit noch idiotischeren Ablaufplänen, gefertigt in überheizten Schreibstuben in denen sich Kaffeedüfte in einer Endlosschleife durch die Räume winden, haben es faktisch abgeschafft. Jetzt wird von überalterten Handwerkern denen schon längst alles egal ist, bei strömenden Regen kochender Asphalt mit Schaufeln in Löcher gekloppt.

Abdichtungen werden auf triefnasse Untergründe ge-
schmiert, womit sie vor dem aushärten bereits versa-
gen. Und selbst empfindlichste Baumaterialien igno-
rieren gehorsam kälteste Temperaturen, da diese per
Anweisung durch Federstrich von Rechtsverdrehern
abgeschafft wurden. Dann tauchen selbstherrliche
Gutachter auf, die von genau demjenigen ihr Geld be-
kommen, der in ausgefeilten bibeldicken Vertrags-
konvoluten mit einer fetten Vertragsstrafe droht,
wenn Wetter die Arbeit behindern sollte. In Folge set-
zen die der Lebens- und Arbeitswelt entrückten The-
oretiker die verzweifelten Praktiker unter Druck. Ma-
ximale Penetranz bei minimaler Kompetenz. Es ist
ein großes Irrenhaus, welches unendlich viele Mängel
und Rechtsstreite produziert, Ehen scheidet und In-
solvenzen produziert. Am Ende der Kette stehen
kleine Nachunternehmer, die ständig unter Finanz-
druck stehen und auch an ihrem Werk keine Freude
mehr empfinden, da die Betonkästen allesamt gleich
und langweilig aussehen. Das ganze Spektakel führt
dann zu niedrigeren Löhnen, zu Einsparungen, wo
keine stattfinden sollten und generell immer unterir-
discherem Niveau. Die anspruchsvollen Bauherren
erwarten jedoch genau das Gegenteil und so steigen
gegenseitige Ablehnung und Misstrauen. Jeder ver-
sucht zu sparen, parallel dem anderen das Geld aus
der Tasche zu ziehen oder es von ihm im Gegenzug
wieder zurückzuholen.

Das geht sogar so weit, dass aus Sparsamkeit in Win-
terzeiten keine Begleitheizungen mehr an Sanitär-
containern angebracht werden. Diese frieren dann
ein und auch die mobilen Toilettenhäuschen frieren
ein, werden dann einfach abgesperrt und auch vor

dem Frühjahr nicht mehr abgeholt, weil man sich die Wartung spart. Damit wären wir wieder bei unserer Geschichte. Ab hier kommen bedürfnissensible Mitarbeiter ins Spiel. Wenn dringende kleine und große Bedürfnisse ihrer Erledigung harren, kommt es grundsätzlich zu Interessenskonflikten.

Da bekommt doch das Wort "Groß"baustelle eine ganz neue Bedeutung. In diesem Fall war die gesamte Belegschaft firmenübergreifend stinksauer auf die verantwortliche Bauleitung und dachte darüber nach, was zu tun sei.

Jedenfalls stand eines Abends ein Italiener vor einem abgeschlossenen Sanitärcontainer. In seiner empfindsamen Not ging er ums Haus, in die 5. Gerüstetage, legte ein Brett unter und vergaß sich unsittlich, aber in perfekter Form. Gekonnt ist gekonnt. Am nächsten Tag sollte ein Lehrbub einer anderen Firma das Gerüst reinigen und stieß auf das tiefgefrorene italienische Eis. Mama Mia! Da unten gerade Leute standen, kehrte er angewidert den hart gewordenen Ausdruck handwerklichen Protestes kurzerhand durch ein offenes Fenster ins Gebäude. Dort fand ihn am nächsten Morgen ein osteuropäischer ideenreicher Maler, der sehr zeitig auf Arbeit war und eine Bauheizung in Betrieb nehmen sollte. Erfreut über die perfekte Form, nahm er die Gelegenheit wahr, trug eine spezielle Grundierung für gefrorene Untergründe auf und spritzte ihn silbern an.

Am nächsten Morgen lag das versilberte Protest-Maskottchen auf der Fußmatte des Bauleitungscontainers. Der Polier, der morgens als Erster die Baustelle betrat, warf das Kunstwerk menschlicher Schöpfung

mit einer Schaufel nicht ahnend, was er damit auslö-
sen würde, kurzerhand unter das Gerüst. Mittags lag
Karl-Heinz, wie das Maskottchen von da an genannt
wurde, wieder auf dem Gerüst. Irgendjemand kickte
Karl-Heinz wieder herunter und jemand anderes
legte ihn wieder der Bauleitung vor die Tür. Fast vier
Wochen wanderte Karl-Heinz quer über die ganze
Baustelle. Wetten wurden abgeschlossen, wo er am
nächsten Tag wohl sein würde und regelrechte Such-
trupps machten sich auf den Weg. Liebevoll wurde er
auch nachlackiert, wechselte wohl auch mal scham-
haft die Farbe und bekam erste Lädierungen. Erst als
die Bauleitung den Sanitärcontainer wieder in Be-
trieb nahm, verschwand er auf wundersame Weise.
Und da soll mal jemand sagen, Bauleute wüssten die
Leistungen anderer nicht zu schätzen.

Hier jetzt nochmal die ersten drei Sätze zur Erinne-
rung:

Auf Baustellen arbeiten nur zart besaitete Männer.
Sie sind teilnahmsvoll, nehmen Rücksicht auf die
Leistungen anderer und arbeiten manchmal sogar
kostenlos nach. Sie achten darauf, nichts kaputt zu
machen und sind stumme Bewahrer außerordentli-
cher Leistungen.


Wissenswertes:

2019 gab es in Deutschland 3,29 Millionen steuer-
pflichtige Unternehmen, davon 79.000 im Bauhaupt-
gewerbe mit fast zwei Millionen Beschäftigten. Mit ca.
400 Milliarden Euro Umsatz gehört der Bau zu den
größeren Branchen. Auf Krisen reagiert der Riese er

eher schwerfällig und hinkt meist 3 bis 5 Jahre hinterher.

Der höchste Wolkenkratzer Deutschlands steht zurzeit in Frankfurt am Main und ist der 259 Meter hohe Commerzbank Tower.

Als eines der absurdesten Bauwerke der Welt gilt der „Weiße Baum". Es ist ein Wohnhaus, in welches die meisten Menschen wohl nie und nimmer einziehen würden. Es steht im französischen Montpellier und wurde vom japanischen Architekten Sou Fujimoto entworfen. Es ist zwar schön und vermutlich aucch praktisch, vermutlich auch sehr teuer. Aber googeln Sie es doch mal selbst.

Dagegen sieht ein ebenfalls undenkbares Firmengebäude in Newark Ohio witzig und absolut einmalig aus. Es ist ein riesiger geflochtener Korb, bei dem sich jeder Betrachter fragt, wie man nur zwei solche enormen Henkel bauen kann.

# Kapitel 9
## Selbständigkeit
## ein kleiner Motivationsschub

Sie überlegen sich selbständig zu machen? Kein Problem. Das ist ganz einfach. Man muss nur ein paar Regeln einhalten.

Zum Beispiel geben Familie und Partner bereits die ersten Regeln vor.

Da hat man noch nicht mal eine Gewerbeanmeldung ausgefüllt.

Wer sich entscheidet, Unternehmer zu werden, hat entweder reiche Eltern und keine Ahnung oder arme Eltern und keine Ahnung. In jedem Fall hat der Neuling Luftschlösser im Kopf.

Oder man ist einfach nur auf irgendeine andere Art und Weise psychisch gestört (zwanghaft zum Beispiel, größenwahnsinnig, vertrauensselig, geldgeil – suchen sie sich etwas aus) oder ein begnadeter Ausbeuter und Tyrann mit Sendungsbewusstsein. Viele der Gestörten sind einfach nur Menschen, die gern leiden, unter dem Finanzamt oder (später) dem Sozialamt (beispielsweise, denn es gibt auch noch Krankenkassen, Berufsgenossenschaften, Sozialkassen...). Das kann man anhand der Insolvenzstatistik, den vielen Juniornachfolgern sowie anhand eigener Beobachtungen (also handfester Vermutungen) beweisen. Andererseits gibt es viel mehr Menschen, die kein Unternehmer und in psychologischer Behandlung sind, als Unternehmer, die eine Therapie machen. Das beweist doch die psychische Gestörtheit unserer wirtschaftlichen Zugpferde, denn sie stellen die Gestörten doch ein, oder nicht?

Fazit: Es gibt nicht zu wenig Geistesgestörte unter den Unternehmern, sondern nur zu wenig Diagnosen, was bei Arbeitnehmern (nach deren Wahrnehmung) anders herum ist. Irgendwie tragen auch alle am Problem des anderen eine Mitschuld.

Da drängt sich folgende Frage auf: Wer kommt schon freiwillig auf die Idee, zukünftig für sich selbst sorgen zu wollen, wenn dies auch die eigene Frau, der Staat oder ein anderer Unternehmer für ihn tun könnte. Sie denken, dass sei jetzt übertrieben? Klar, wäre es, wenn Sie das Gegenteil beweisen könnten. Gott sei Dank gibt es aber noch genügend potentielle Welteinreißer, welche das Risiko auf sich nehmen und solche gestörten Persönlichkeiten, wie Sie und mich einstellen würden. Ein Merkmal gestörter Persönlichkeiten ist übrigens, sich selbst als völlig ungestört wahrzunehmen. Und? Nehmen Sie sich auch als ungestört wahr? Lauten Ihre Antworten jetzt „Ja" oder „Nein", dann sollten Sie in beiden Fällen den Arzt aufsuchen und das Geschäft erstmal ruhen lassen.

Selbständigkeit kann aber auch die Rettung sein:

Ein Selbständiger agiert selbst und ständig, was ihn erfreulicherweise von häuslichen Pflichten entbindet und auch von seinen nervigen Kindern fernhält, die er nur deswegen überhaupt im Hause hat, weil minutenlange sexuelle Unachtsamkeit vom späteren Ehepartner schamlos ausgenutzt wurde. Sozusagen Unternehmerschändung vor und in der Ehe. Aber Kinder kommen nie zum rechten Zeitpunkt. Da muss man einfach ganz stumpf im Bett zur Sache gehen und sein Ding durchziehen. Bei der schönsten Sache der Welt sollte man sowieso nicht nachdenken denn wer vorher zu Ende denkt, bleibt vermutlich Single. Wer währenddessen darüber nachdenkt, bricht ab und wird auch Single. Und wer danach darüber nachdenkt, denkt zu spät darüber nach. Der sollte dann heiraten, damit der Verlust durch zwei geht oder sollte erst gar kein Unternehmer werden. Nach meiner unmaßgeblichen Auffassung sollten Krankenkassen hier mit vorbeugender Psychotherapie (Vorschlag: Tarnt es als Unternehmensberatung) ansetzen. „Was? Sie hatten unehelichen Sex und das noch vor der Heirat? Von so einem Hallodri können wir nie und nimmer seriöses Geschäftsgebaren erwarten! Auf eine Versicherung verzichten wir. Sie haben zwar das Recht auf eine Versicherung aber das müssen doch nicht wir sein." Ist das Kind dann da, hilft auch der verbale Verkündigung jetzt Verantwortung übernehmen zu wollen nichts, oder späteres „darüber nachdenken". Es liegt auf der Hand, dass das leere Worte bleiben müssen. Ständiges „Nicht-da-sein", selbst und ständig selbständig zu sein, straft schon den Vorsatz Lügen. Allerdings kann es beziehungsstabilisierend wirken und weiteren Nachwuchs verhindern. Anstrengende Familienplanung kann bei Selbständigen somit entfallen.

Wer nie da ist, kann jedenfalls die Erziehung der Kinder nicht verpfuschen. Da sind dann eindeutig die

Kinder selbst schuld. Wer nie da ist vermeidet außerdem häuslichen Streit. Man möchte also meinen, dass man dann die ideale Ehe führt. Für die eine Frau oder den anderen Mann mag das ja vielleicht funktionieren, wenn er genug Geld anhäuft. Doch weit gefehlt. Sorgt man mit seiner Tätigkeit für sich und die Kinder, fehlt für genau diese dann die Zeit. Nimmt man sich aber mehr Zeit für die Familie, fehlt Zeit, um für diese das benötigte Geld heranzuschaffen. Wenn alles zusammenbricht, verstehen die meisten, dass persönliche Freiräume für Freunde, Nachbarn,erwandtschaft, Urlaub, Sport und Freizeit, Kunst, Theaterbesuche und auch mal Nichtstun notwendig gewesen wären. Die wenigsten Firmen gehen wegen Unfähigkeit pleite, meist sind es die vier gefürchteten Gegner des Erfolgreichen: äußere Einwirkungen, Selbstüberschätzung, Psyche oder Gesundheit.

Die Gratwanderung, die durch diese Zwänge beginnt, stellt jede Beziehung auf die Probe. Es verwundert also nicht, wenn die Frau die ehegattenfreie Zeit mit einem "Dritten Rad am Wagen" verbringt oder die Kinder sehr früh selbständig werden. Die können mit Drogen umgehen und kennen die fremden Männer, die zu Gast sind. Der eine nennt sich Papa und der andere Onkel. Beide sind ständig Gast und erhöhen nachhaltig die Disharmonie.

Kommt man als Selbständiger hinter die Existenz des „Dritten Wagenrades" ist man schneller wieder solo, als ob man es ignoriert oder nicht bemerkt hätte. Familie macht für Selbständige also keinen Sinn und umgedreht für Familienmenschen macht die Selbständigkeit ebenfalls keinen.

Was gibt es für Auswege? Da gibt es nur einen einzigen. Man sucht sich einen Partner, der im Haushalt und mit den Kindern umgehen kann, der aber so abhängig ist, dass er alles mitmacht. Er oder sie muss so dumm sein, um nichts zu begreifen und nicht in der Lage sein, für sich selbst einen Ausweg zu finden. Der ideale Partner ist also kinderfreundlich, sauber, dumm, unfähig und nicht selbständig. Der ideale Partner besitzt darüber hinaus ein zeitloses immer junges und attraktives Gesicht. Wer sich auf Arbeit ständig neuen Herausforderungen stellen muss, ist dankbar, wenn er oder sie zu Hause Beständigkeit vorfindet.
Gut, es soll auch Partner geben, die voll mitziehen, aber in welcher Partnervermittlung werden die gleich angeboten?

Na, immer noch Lust auf Selbständigkeit?

**Zu Risiken und Nebenwirkungen fragen Sie Ihren Konkurrenten.**

In meinem Buch „Der beknackte Optimist" kommen noch mehr Motivationsschübe und vielen Regeln – bis Sie völlig demotiviert nicht mehr durchblicken. Versprochen!

Ich mache zwar keine Werbung für mich, aber kaufen sollten sie das Buch schon -- Alsooo wenn es je fertig wird und wenn ich dann noch lebe. Was vermutlich nur der Fall sein wird, wenn meine Frau das Manuskript nie findet, denn ich bin selbständig.

Wissenswertes:

Man unterscheidet nach Pionier-Unternehmer und Nichtpionier-Unternehmer, Erstere sind nicht nur auf Profit, sondern auch auf Forschung und Entdeckung. ausgerichtet.

Der Begriff „Unternehmer" ist eigentlich ein Anglizismus, der von seiner Ursprungsbedeutung so weit weg ist, wie der Begriff Homeoffice" vom britischen Innenministerium. Unternehmer ist in diesem Sinne zuerst im 18. Jahrhundert schriftlich bezeugt und gilt als Lehnübersetzung des englischen under-taker was wiederum dem älteren Französischen entre-preneur entlehnt wurde. Undertaker bedeutet Leichenbestatter und kommt nicht wie die Direktübersetzung uns weismachen will, von „unter" und „machen".

GmbH's gibt es seit 1892. Sie stellen das „Mittelding" zwischen Personen- und Kapitalgesellschaften dar.

# Kapitel 10

## Gespalten

Habe ich schon erzählt, dass ich eine gespaltene Persönlichkeit habe? Erstmals fiel mir das auf, als ich mir eine Bockwurst kaufte. Die eine Hälfte von mir freute sich über die (würzige knackige warme leckere riesengroße) Wurst, mit einem riesen Haufen Bautzner Senf darauf (natürlich mittelscharf) und einem warmen knackigen Brötchen aus amerikanisch/genmanipulierten Weizenbrötchen. Und dann fiel meine andere misslaunige Hälfte über mich her und flüsterte mir ins Ohr: "Im Senf ist Essig, das ist nicht gut für deinen Magen. Die Wurst ist vom Schwein. Das führt zu Arthritis in den Gelenken. Da sind tierische Fette enthalten, die dich dick machen. Der genmanipulierte Mist macht dich unfruchtbar." Auf diesen populistischen Angriff gab meine Gourmethälfte nur stumpf zur Antwort: "Aber es schmeckt." Worauf prompt die nächste Miesmacherei folgte: "Es ist früh um fünf Uhr und du stehst an einer Tankstelle. Solltest du nicht, bevor du aus dem Haus gehst, lieber Haferflocken mit geriebenem Apfel und Sojamilch essen? Du bist keine 20 mehr? Außerdem ist es an der Tankstelle viel zu teuer und da sind bestimmt Benzole in der Wurst." Ich hörte erst auf mit mir selbst zu streiten, als die Bockwursthälfte erbost aus purem Frust und weil die würzige knackige warme leckere riesengroße Wurst so lecker war, einfach noch eine zweite (würzige knackige warme leckere riesengroße) Wurst bestellte.

Ich nahm mir fest vor, mein Problem abends aus der Welt zu räumen. Ich mag keinen Streit, schon gar nicht, wenn ich im Mittelpunkt stehe. Doch leider wurde nichts daraus. Es hat keinen Sinn mit mir zu streiten, weil ich uneinsichtig bin; meint zumindest meine Frau. Und die muss es ja wissen, weil sie beide Seiten von mir geheiratet hat - sozusagen eine Doppelhochzeit zu Dritt.

Ob ich mal zum Arzt gehe? Wenn ich das Gesundheitsapostelchen in mir nicht zum Schweigen bringe, sehe ich nie wieder eine Bockwurst.

PS.: Früher hatte ich solche Probleme nicht. Da gab es aber auch noch keine Bockwurst an der Tanke. Habe in Facebook nach einer Selbsthilfegruppe gesucht und nichts gefunden. Bei sachdienlichen Hinweisen zu einer solchen Gruppe bitte ich um Hinweise an die nächstgelegene Tankstelle.


Absurdes zur Problembratwurst:

*Die Steuerbratwurst*

Für eine Bratwurst, welche Sie am Stand essen, gelten andere steuerliche Regeln als drei Meter weiter. Man nennt das das Bratwurstversteuerungsdifferenzierungsproblem, welches den obersten Gerichtshof Europas, den Gerichtshof der Europäischen Union in Luxemburg, in Beschlag nahm.

*Die Pandemiebratwurst*

2021 gab es in Deutschland Aktionen, bei denen man impfunwillige Menschen mit kostenlosen Bratwürsten anlockte. In einer erzgebirgischen Ortschaft stellte man aber fest, dass mehr Impfungen erfolgten, wenn ein kostenloser Döner gereicht wurde.

In Berlin gab es dagegen für eine Impfung in der S-Bahn nur eine kostenlose Fahrt. Besser kam dagegen ein kostenloser Drink an, der für eine Impfung während einer Party gereicht wurde. Ob Impfen und Alkohol gut zusammenpassen, darf bezweifelt werden.

*Fazit und Erkenntnis daraus:*

Bratwürste sind für Impfkolonnen On Tour generell ungeeignet und bringen keine impfsteuerlichen Erleichterungen. (Letzterer Hinweis ist nur für Selbständige.)

# Kapitel 11

## ICD-10 F 40.1

Aller guten Dinge sind zwei, heißt es - leider nicht. Aller guten Dinge sind drei wäre richtig. Dabei sind drei immer einer zu viel - früher oder später. Zwei sind besser. Doch haben die oft genug Probleme zueinander zu finden. Nicht wenige Männer leiden unter ICD-10 F 40.1. Ah, sie wissen nicht, was das ist? Übersetzt heißt das: Gynophobie oder Gynäkophobie und beschreibt die Furcht von Männern vor Frauen. Frauen leiden dagegen unter Androphobie oder auch Arrhenphobie, also der Angst vor Männern. Zu all dieser Ängstlichkeit kommt noch love-shyness hinzu - Liebesschüchternheit.

Da fragt man sich eigentlich, warum Männlein und Weiblein zur Weihnachtszeit gemeinsam "Ihr Kinderlein kommet" singen. Als ob sie von selbst kämen oder als ob Gott da helfen könnte. Womit wir schon wieder bei drei wären.

Man muss schon etwas für die ersehnte Zweisamkeit riskieren, damit eine Dreisamkeit entstehen kann. Also damit Kinder kommen, bitte nicht falsch verstehen. Verständnis und Einfühlsamkeit sind dabei wichtige Voraussetzungen – und nicht Angst.

Wenn einem Mann eine schöne Frau tief in die Augen schaut, sagt der ja auch nicht: "Hab verstanden. Lass uns einen Dritten suchen." Im realen Leben hat man immer mehrere Möglichkeiten, wie man sich verhalten kann. Bewusst handeln macht Sinn. Man kann der lasziv-glutäugigen Schönen bewusst sagen: "Oh mein Gott, warst du mit diesem Sehfehler schon beim Arzt?" muss es aber nicht. Vermutlich sollte man dann schnell flüchten können. Alternativ geht auch folgende Einfühlsamkeit: "Du bist wunderschön. Lust auf ne heiße Nummer?" In diesem Fall hat jetzt sie mehrere Möglichkeiten. Entweder ignoriert sie ihn und tut sie so, als hätte sie ihn nicht gehört oder haut ihm wortlos einfach eine runter. Ein „Okay!" ist möglich, aber unwahrscheinlich. Also lassen wir ihn sagen: "Verweile doch, du bist so wunderschön." Wenn er das sagt, dann sollte er nicht dabei schielen. Sonst haucht ihm der junge Mann neben ihr missverstehend zärtlich ins Ohr: "Du auch." Schielt er nicht, kann es aber immer noch schief gehen. Tief in ihre Augen zu schauen kann richtig sein, zum Beispiel bei der Augenärztin. Dann ist der gehauchte Satz: "Du hast wunderschöne Augen." allerdings völlig unangebracht. Oder wenn die Hausärztin gerade die Prostata untersucht, sollte man keine Komplimente von sich geben, wie: "Oh mein Gott, Ihre Hände sind wunderbar." oder " Wo haben Sie das nur gelernt?!" An dieser Stelle frage ich mich, wie schnell man eigentlich aus einer Praxis mit heruntergelassener Hose fliehen kann. Wer Probleme hat, die Zeichen des anderen Geschlechtes richtig zu deuten, sollte als Mann daher vorsichtshalber Ohrenschützer tragen. Diese verhindern, dass die peinlich rot verfärbten Löffel bedeckt sind. Nebenbei schützen sie wirksam vor den femininen Früchten des weiblichen Ohrfeigenbaums. Etwas Angst ist also durchaus angebracht. Die Fallen missverstandener Werbung lauern für Männer überall. Wenn eine Wahrsagerin verkündet: "Sie werden heute die Frau ihres Lebens treffen.", dann freuen sie sich bitte nicht. Es wird viel wahrscheinlicher sein, dass es ihre böse Schwiegermutter ist, oder etwas später die Bestatterin, welche schon vor Ihnen weiß, wie es um Sie steht. Nach der Scheidung lädt sich auch mal schon auch die bösgesichtige

Gerichtsvollzieherin unerwünscht selbst ein. Nur selten klopft die schöne Helena aus der griechischen Mythologie an die Tür, welche Ihnen durch den Briefschlitz mit ihren langen Wimpern verführerisch zuklimpert. Bei Frauen ist es andersherum vermutlich ähnlich.

Aber nehmen wir mal an, es hat tatsächlich geklappt. Kann man sich als Mann heutzutage überhaupt noch sicher sein, dass das schöne aufregende Wesen, welches man gerade kennen gelernt hat, überhaupt eine Frau ist? Und schon steht man erneut vor einer Wahl. Geht man mit ihr zuerst (also um Überraschungen vorzubeugen) zur Toilette und schaut nach, was sich unter dem Rock verbirgt oder lässt man sich überraschen? Geht man im ersteren Fall mit ihr (oder ihm, wer weiß das schon im Voraus) dann zur Herrentoilette oder doch eher aufs Damen-WC? Mann sollte auf jeden Fall auf einen schnellen Abgang vorbereitet sein, besonders wenn man sich für das Damen WC entschieden hat. Dort fliegen die Handtaschen für Widerlinge tief. Wie gesagt, Ohrenschützer sind für Männer auf Partnersuche unabdingbar und flinke Füße sind auch angebracht. Kein Wunder also, wenn Gynophobie und Androphobie viele von uns immer mal wieder von einer Kontaktaufnahme abhalten.

Über die anderen 4.000 Geschlechtern, oder besser Geschlechtsidentifikationen schweigt der Dichter. Die waren dem Verband der Intersexuellen schon 2012 bekannt, und wer da wem auflauert, und mit welchem Ziel, kann ich leider nicht sagen.

Wie schön war doch die Zeit, als die Damen des Herzens noch keine Berufe ausübten und wohlsortiert in ihren Stuben hockten. Seufz. Da wählten andere aus. Vorbeugend unter Röcke oder in Hosen zu schauen, war die Aufgabe Dritter. Heutzutage muss man sich durch echte Alternativen dem anderen Geschlecht jedoch gar nicht mehr stellen. Man wechselt einfach sein Geschlecht und gehört dann zur anderen Seite. Phobie bekämpft. Wobei, hatte die nicht ihre eigene Phobie?

ICD-10 F 40.1 und Konsorten sind jedenfalls harmlos. Viel schlimmer ist Novinophobie, die Angst vor Weinknappheit (siehe Seite 144.)

„Die Frau ist die einzige Beute, die ihrem Jäger auflauert." sagt der Volksmund und der muss es wissen..

Apropos Volksmund:

# *Kapitel 12*

## Dem Volksmund aufs Schleckermäulchen geschaut

Sprüche aus vergangener Zeit kennt jeder. Auch wenn es uns nicht immer bewusst ist, so verwenden wir sie täglich. Mal sind es Volksweisheiten und mal Sprüche aus der christlichen Kirche, oft wurden sie von Luther geprägt. Bei vielen Redewendungen wird der Ursprung nur vermutet, oder sie werden einfach jemandem zugeschrieben. In der Wissenschaft gilt jedoch, dass These und Gegenthese solange existieren, bis eine Behauptung bewiesen wurde. Daher soll hier der Versuch unternommen werden, eine Gegenthese aufzustellen.

"In des Teufels Küche kommen" Diese alte Redewendung kommt aus der mittelalterlichen Vorstellung der Hölle und bedeutete, in die Hölle zu kommen. Ich denke jedoch, dass einfach nur ein schwer arbeitender Mann abends nach Hause kam und in seine Küche trat. In diesem Zusammenhang darf dann auch der Spruch "Des Teufels Großmutter" gesehen werden. Wenn die Schwiegermutter ständig in seiner Wohnung hockt und mit seiner Frau in der Küche neuzeitliche Speiseexperimente an ihm ausprobiert, und dann noch alle Kinder lärmend im Kreis.... "Oh Gott." Und damit hätten wir schon den Ursprung des dritten Spruchs erklärt. Kein Wunder, dass er sie alle hinausjagte und des Teufels Großmutter an ihn den "Löffel abgab", weil er jetzt für sich selbst kochte. Mutterseelenallein und endlich friedlich!!

Bei letzterem Spruch wird von einigen Wissenschaftsdeutern als Ursprung die Weitervererbung des einzigen Familienlöffels im Todesfall angesehen. Spaßvögel behaupten, er sei den erzgebirgischen Löffelschnitzern zuzuschreiben, sozusagen als letzter Satz beim Verkauf des Schöpfelementes. Sei es, wie es sei. Für mich ist die schwiegermütterlicherseits okkupierte Chaosküche die wahrscheinlichere Erklärung. "Unter jedem Dach lebt eben ein Ach." Aber das sind alles alte Sprüche, obwohl sie auch in der Neuzeit, in Lockdownzeiten oder in eingefleischten veganen Haushalten, hätten entstanden sein können. Abgesehen davon "Was auf den Tisch kommt, wird gegessen." Auch so ein Spruch, der aus einer Zeit kommt, wo man noch ordentlich gekämmt am Tisch saß, (wenn man nach dem Krieg noch einen hatte). Was damals lebensrettend war, produzierte später jede _Menge dicker Menschen.

Interessant ist, dass es jedem Zeitpunkt zu einem Mangel an Haarschneidern kommen konnte. "Da laust mich doch der Affe" ist also entweder vor 30.000 Jahren, als es noch keine Coiffeure gab oder in den harten Lockdownzeiten geschlossener Friseursalons entstanden. Dann standen verbartete Männer und strubbelige Frauen vor geschlossenen Geschäften und verunstalteten ihre Lieben, indem sie deren verlauste Köpfe selbst bearbeiteten.

Die Sprachwissenschaftsquerulanten sehen das natürlich wieder anders. Nach deren Meinung drückt die Redewendung "Mich laust der Affe" heutzutage große Überraschung und Erstaunen aus. Auf Jahrmärkten des letzten Jahrhunderts gab es öfters Gaukler, die einen Affen bei sich hatten. Dieser sprang ab und zu auf die Schultern von Zuschauern und begann so zu tun, als würde er ihre Haare von Läusen befreien. Aber das halte ich für sehr weit hergeholt, weil damals viele Leute Läuse hatten, das war aber die Normalität und der Affe hätte mit seinem "Affentheater" keine nennenswerte Aufmerksamkeit erzielt. Aber das ist alles nur "Haarspalterei" von Leuten, die den "Kopf nur zum Haare waschen" haben oder mit dem "Klammersack gepudert wurden". Jedenfalls gaben die Leute damals ihr Geld für komische Sachen wie Affen aus. Da dürfen wir heute nicht verächtlich sagen, dass sie ihren "Kopf nur zum Haare schneiden hatten". (Wobei, für Affen anglotzen geben wir immer noch Geld aus.)

Aber ich will jetzt nicht vom Thema abschweifen und "Vom Stöckchen aufs Hölzchen kommen", sonst hat der Leser das Gefühl, ich würde mit ihm sprachlich von "Pontius zu Pilatus gehen", also abschweifend immer das Gleiche sagen.

Nehmen wir was Neuzeitliches her: "Last but not least" kommt nach meiner Ansicht von einem Autohändler, bei dem für das letzte Auto kein Leasing mehr möglich war.

Das "worst-case-szenario" kommt vom Schnittchen Lieferanten und beschreibt vermutlich ein Wurst-Käse-Szenario auf dem Buffettisch, also die schlimmste einfallslose Katastrophe, die man bei einer großen Hochzeitsfeier als kalte Platte abliefern kann. Als das vor einiger Zeit wieder mal passierte, konnte man angeblich eine enttäuschte Braut beobachten: Zitieren wir Luther: "Aus einem verzagten Arsch kommt kein fröhlicher Furz." Da spielt es auch keine Rolle mehr, dass der Lieferservice nur "Lückenbüßer" war obwohl er sich mit "Feuereifer" ans Werk gemacht hatte. Er wurde trotzdem zum "Stein des Anstoßes". Da hätte der Bräutigam allerdings ein "Machtwort" sprechen, mal ein „Mann sein" und nicht nur "Lästermaul" sein sollen. Er hätte es besser gekonnt und nicht sein "Licht unter den Scheffel stellen" sollen. Doch jetzt warf er sein Geld an den Lieferservice wie "Perlen vor die Säue". Das hätte es im "Morgenland" nicht gegeben, meinte die Braut und brachte den Spruch "Wenn es dem Esel zu gut geht, geht er aufs Eis und tanzt." (auch alles von Luther) Als sie dann noch hinzufügte, er könne nur "fressen, scheißen, dumm tun" wurde an dieser Stelle die kürzeste Ehe aller Zeiten von den Chronologen für die Nachwelt festgehalten. "Drum prüfe, wer sich ewig bindet, ob sich nicht was Besseres findet.", meinte bereits 1945 Werner Kroll. Ist ja auch nicht schlimm, wenn mal eine Beziehung schief geht. "Zu jedem Topf passt ein Deckel" und "Es gibt nicht nur eine Hand voll, sondern ein Land voll" also an potentiellen Partnern,

nicht an Dummköpfen. Oder? Na ja, die vielleicht auch.
Doch "Wenn zwei sich streiten, freut sich der Dritte." Außerdem "ernten die dümmsten Bauern die größten Kartoffeln." Mit dem Spruch "Hab Vertrauen, alles wird gut." wird die neue Partnersuche eben einfach weitergehen. Und wenn man Niemanden findet, dann "frisst der Deibel in der Not auch Fliegen."

Seid bitte dankbar, dass ihr mit eurem Partner nicht früher gelebt habt, damals als noch Liebesbriefe üblich waren. Mozart schrieb an sein »Bäsle«, Maria Anna Thekla:»...dreck! dreck! O dreck! O süßes wort! dreck! schmeck! auch schön! dreck, schmeck! dreck! leck! o charmante! ...« Na wenn das kein Liebesgedicht ganz nach Geschmack jeder neuzeitlichen Frau ist, weiß ich auch nicht.

Zumindest ist ein solches Liebesgedicht ein unvergesslich Ereignis. Da bin ich dann doch eher bei Dantes. Dieser schrieb: "Wer will hier nach der Ordnung leben, der scheiß ins Loch und nicht daneben." Kein Einzelfall, denn Dantes befleißigte sich wie Goethe, Schiller, Mozart und viele andere berühmte Personen der Fäkaliensprache.

Doch das ist ein neues Thema und wir wollen jetzt an die frische Luft gehen, wissen aber noch nicht, was wir anziehen, denn "Kräht der Hahn auf dem Mist, ändert sich das Wetter oder es bleibt, wie es ist."

# Kapitel 13

## Die Bildungsbunkerbibliothek

Die vierarmige indische Göttin der Bildung und des Wissens wird Vidya-Lakshmi genannt. Sie spendet den Menschen Lebensweisheit und reichen Erfahrungsschatz. Parallel wird sie als Schutzherrin der Wissenschaft und der Kunst verehrt. Sie sitzt naturverbunden auf einem Lotos und trägt einen weißen Sari. In zwei Händen befinden sich Lotosblumen, die anderen beiden stehen in der varada- und abhaya-Stellung, einer Haltung, welche auch bei Buddhadarstellungen zu sehen ist. Bei Buddha ist diese Handhaltung eine Ermutigungs- und Segnungsgeste aus der Lebensphase nach seiner Erleuchtung. Lakshmi bedeutet übrigens Wohlstand.

In diesen dürren Sätzen steckt alles, was unsere menschliche Zivilisation so besonders macht. Wenn ich ein Gleichnis verwenden müsste, so bestünde der Schatz der Menschheit aus vier Münzen. Die erste stellte Natur und Mensch auf Vorder- und Rückseite dar, die zweite Bildung und Wissen, die dritte Wissenschaft und Kunst und die vierte Münze Lebensweisheit und Erfahrungsschatz.

Die heutige Zeit hält in ihrer zerfledderten Spiritualität Wissen allein für ausreichend, Kunst für überflüssigen Tand und Lebensweisheit und Erfahrung für undigitalisierbaren Ballast der Alten. Und leider spiegelt sich das im Alltag wieder, auch und besonders in unseren Bauwerken. Überall stehen schlitzfenstrige Einfamilienhäuser mit (historischen Schießscharten vergleichbaren) verglasten Durchbrüchen herum.

Man sieht förmlich, wie der Eigentümer zusammen-
gekauert hinter dem Lichtdurchlass hockt und mit
zittriger Hand nachlädt, um sich nähernde Sozialkon-
takte abzuschießen.

Man kann sich heutzutage des Gefühls nicht erweh-
ren, dass von den acht Münzseiten der Zivilisation
mehr als die Hälfte verloren gegangen sind.

All das wurde mir bewusst, als ich vor einiger Zeit
eine neu erbaute Bibliothek besuchte. Gut, ganz so
neu war sie nun auch nicht wieder. Sie hat jedoch
nichts mit einer kleinen gemütlichen Ortsbibliothek
gemein, wie in unserem sanierten Altbau in unserer
Kleinstadt. Dort kann man sich im Hinterhof ins
Grüne setzen und bei einer Tasse Kaffee oder Tee mit
einem Buch so richtig entspannen. Nein, ich Trottel
besuchte die neue und riesengroße Betonklitsche, die
über viele Etagen geht und in der benachbarten Groß-
stadt steht. Feriesische Landes-, Orts- und Universi-
tätsbibliothek kurz Flob ist der Name. Da ist der
Name wohl Programm und der Typ, der sich den aus-
gedacht hat, ist zu oft mit dem Roller gegen die Wand
gefahren. Für ein Bauwerk, das schon äußerlich ge-
eignet ist, dass der belesene Besucher seine Ränzlein
mit den Büchern unter die Arme rafft und zur nächs-
ten Parkbank am Dorfteich flüchtet, passt der Name
jedoch wie die Faust aufs Auge. Es passt ebenso zu
den vielen atombunkerähnlichen Einfamilienhaus-
würfeln. Es ist eine Kunst so zu bauen, dass die Bau-
werke ohne jede Wiedererkennung sind. Hier bekom-
men menschliche Kälte, Ignoranz, Interesselosigkeit
an Mitmenschen, Ablehnung und Ausdruckslosigkeit
endlich ein Gesicht. Die Planer dieser speziellen „Bü-
cherkiste" müssen jedenfalls bei ihrer Planung mit

dem Klammersack gepudert worden sein, weil sie
den Kasten für viel Geld tief ins Grundwasser setzten.
Und dann gaben sie viel Geld für ein besonders dich-
tes Bauwerk aus. Sie bauten außen notgedrungen mit
Gürtel und Hosenträger, und innen mit einer Art Win-
del mit Wasserauffang- und -abführanlagen, gepaart
mit doppelten Böden, kontrolliert mit Feuchtemess-
geräten und vieles mehr. Und warum der teure Auf-
wand? Jetzt halten sie sich fest. Die wertvollsten Bü-
cher von Ferisien sollten dort tief unten eingelagert
werden. Das war die Begründung. Jetzt steht außen
eine 6 Meter hohe Wassersäule um den Keller und
drinnen herrscht Überwachungswahn und elektrisie-
rende Angst vor Wasser. Die Frage ist dennoch, ob es
denn auf Dauer auch trocken bleiben wird. Das ist, als
ob Noah seine Arche auf dem höchsten Gipfel des Kili-
mandscharo zusammengebaut, dann ein Wasserbe-
cken drumherum errichtet hätte, nur um damit letzt-
lich abzusaufen. Bei unserer heutigen Baukunst wäre
es vermutlich entweder untergegangen, Noah wäre
wegen Geldmangel pleite gegangen oder die Arche
wäre erst nach der Sintflut fertig geworden. Deutsche
Baukunst auf dem Höhepunkt ihrer Überflüssigkeit.

Am Haupteingang hat dieses Wunderwerk der archi-
tektonischen Fehlleistung, einige ursprünglich hohle
Stahlsäulen. Von deren geringer Tragkraft war selbst
der Statiker überrascht, so dass er veranlasste, dass
man sie im Nachgang anbohrte, mit Zementleim füllte
und somit tragfähig machen und stabilisieren musste.
Woher ich das weiß? Ich war der Unternehmer, der
den grauen Schlamm reinpumpte. Überhaupt ist das
ganze Betonbauwerk auf die Abwesenheit all dessen

ausgerichtet, was Buchleser schätzen. Es ist das Gegenstück eines Weltwunders, wie es die Bibliothek von Alexandria einst war - ein reines unpersönliches Nutzbauwerk mit einer großen Halle, die eher wie eine Kuppel über einem Flughafengebäude wirkt. Bücher, Zeitungen, CDs und was die sonst noch so haben, kann man per Internet bestellen. Sie werden dann der anonymen Besuchernummer an den online gebuchten Platz per Kiste, in einem Transportsystem nach Art einer überdimensionierten Rohrpost überall hingefahren. Dort muss die Besuchernummer die Ausgabestelle suchen und die Bestellware entgegennehmen. Als ich davorstand, stellte sich mir die Frage, warum die Lieferung nicht gleich Amazon und DHL übernehmen. Gut, es gibt für die unbelehrbaren Romantiker in einem Untergeschoss auch ein paar Lederliegen mit trüben Funzeln, aber überall kann man Laptops einstöpseln und so den kalten Technikcharakter wiederherstellen. Ästheten und Liebhaber des geschriebenen Wortes im gebundenen Buche, und sowie die meisten unserer älteren Bürger, sind damit raus aus der gesellschaftlichen Teilhabe.

Es ist ein reines Nutzbauwerk, welches weder die Lust an der Bildung fördert, noch die Freude am Wissen, am Lesen oder am Genuss fremden Intellekts. Es ist Ausdruck einer technisierten herzlosen Welt, die den Bezug zu Natur und Mensch völlig verloren hat.

Hatte ich schon erwähnt, dass man die wertvollen historischen Bücher in Dresden gar nicht besichtigen kann? Ups! Jetzt habe ich verraten, wo die Bibliothek steht. Das nehme ich hiermit sofort zurück. Ist eh nur Satire.

Wenn Vidya-Lakshmi diese Bildungsbunkerbibliothek gesehen hätte, hätte sie vermutlich in ihr Tagebuch (wenn sie so etwas gekannt hätte) geschrieben: „Da war ich und kam nie wieder.", etwas, was die indische Göttin und ich wohl gemeinsam hätten.

# Kapitel 14
## Wehwehchen und Jammertal

(Vorsicht! Heftig umstrittener schwarzer Humor. Und um es vorweg zu nehmen, es geht nicht um ernsthaft erkrankte Menschen.)

Geflügelter Witz:
„Frag mich mal, wie es mir geht." „Okay, wie geht es dir?"
„Ach frag mich lieber nicht."

Jämer 9 Jhdt. = Wehgeschrei oder beklagenswerter Zustand
Geomor, amrar 10 Jhd. = heulen und schreien
jämertal oder Tal der Tränen = Luther, im Sinne von leidvoll und betrübt

Wehgeschrei oder Wehklagen, zetern, schluchzen, wimmern, lamentieren, seufzen, schmerzvoll dreinschauen, leidvoll sein, heruntergekommen sein, betrübt, klagen, bejammern, beschweren, barmen, erbärmlich werden, heulen und Zähne klappern, plärren und blöken, nörgeln - Jeder kennt Menschen, die es förmlich genießen.

Dieser negativ psychische Zustand bietet phantastisch viele Varianten sich der Umwelt mitzuteilen. Interessierte können sich aus der Unmenge etwas heraussuchen, was zu ihnen passt und daran üben. Manches passt mehr zu jüngeren Menschen zum Beispiel in der Pubertät gegenüber den Eltern und anderes passt eher zu älteren Generationen. Kinder nörgeln, bis alle mies drauf sind, in der Kaufhalle - wegen vorenthaltener Schokolade. Jugendliche, weil das Taschengeld zu gering für ausschweifende Partys ist und so geht es immer weiter. Wieder andere haben ihre Jammergründe bei Arztbesuchen gefunden oder vor Gericht. Spätzünder fangen erst in den unterbesetzten Ganztagswarteräumen der in den letzten Jahrzehnten entstandenen Auffangstationen für Alte und Aussortierte an. Je älter man wird, umso größer wird jedoch die Auswahl. Ein Grund mehr, sich auf den letzten Lebensabschnitt zu freuen.

Wenn Sie irgendwann älter sein sollten, sollten Sie jedoch ihr persönliches Glück im Jammern gefunden haben. Gut ist es, wenn Sie frühzeitig anfangen zu ritualisieren.

Er fröhlich: "Na, wie geht es dir heute?"

Sie: Leidvolle Miene aufsetzen, kurz seufzen, kurzer Blick auf das Holzkreuz auf dem Beistelltisch und los geht es zum tausendsten Male: "Hach! Na, ja! Ich will dich damit ja nicht belästigen. Ich kam heute wieder mal nur langsam aus dem Bett und nachts konnte ich schlecht schlafen."

Phantastisch: "Ich will dich damit nicht belästigen." Womit es bereits geschehen ist! Das ist perfektes Jammern auf hohem Niveau. Man teilt eigentlich nur mit, dass man noch müde und dennoch aufgestanden ist. Abgesehen, von dieser unnützen Information ist das vermittelte negative Gefühl herrlich. Es bringt Aufmerksamkeit und lässt hundertprozentiges Leid wie zweihundertprozentiges wirken. Das betroffen guckende Gegenüber wird gleichzeitig zum Therapeuten und zum Schüler - der Jammerschule. Man verbringt jetzt mehr wertvolle Zeit miteinander als sonst, denn viel Zeit bleibt ja nicht mehr. In guten wie in schlechten Zeiten. Fühlt der andere sich dann auch schlecht, findet er bestimmt seine eigenen Zuhörer und kann diese vom zugigen Glücksgipfel herunterziehen.

**Merke: Übung prädestiniert den Erbärmlichen zum Lehrmeister**

Man kann also nicht genug jammern und seinen beklagenswerten Zustand trainieren. In einer immer größer werdenden Gemeinschaft kann man voneinander lernen, andere Jammerweisen verinnerlichen und den Geist mit dem klagenden Einfallsreichtum Dritter erweitern. Je mehr sich die Synapsen im Fluss des Leidens vernetzen, umso rarer werden Glücksmomente und Glück transportierende Synapsen. Man räumt geistig auf. Die Kapazitäten für leidvolles Blöken und Nörgeln wachsen.

**Merke: Leid ist Wachstum**

Wenn der Geist nur lange genug damit beschäftigt ist, zieht der Körper nach. Ein klassisches Beispiel selbsterfüllender Prophezeiung. Und jetzt kann man endlich hocherhobenen Hauptes durchs karge Jammertal schreiten.

Verwendungsbeispiele für psychische Heruntergekommenheit gibt es viele. Daraus entstehende kleinere Wehwehchen sind bestens geeignet für "leidvoll gucken", "barmen" oder "nörgeln"

Leiden, die einfach nicht weggehen, wie Bauchweh, Verspannungen oder Pickel, sind bestens für "lamentieren" geeignet. Jammern über Pickel sind dabei eher weiblich besetzt, biergeformte Bäuche eher männlich. In der Nachbarschaft wohnte mal ein 200-Kilo schwerer Mann. Der fraß zum Frühstück sechs rohe Eier, eingerührt in ein Kilogramm rohes Hackfleisch und zum Nachtisch eine 500 Gramm Packung Eis. Danach verkündete er, er glaube, dass er Magenkrebs hatte. Also, alles richtig gemacht!!

Aber auch schmerzende Fuß-, Schulter- und Hüftgelenke, die auch mal beim Sport aus der Pfanne hüpfen können, sind vor und nach der Reparatur noch wunderbar tauglich für "Wehklagen", "schmerzvoll dreinschauen" oder "Zukunftsfurcht".

Die Geschmäcker sind eben verschieden. Dabei kann man auswählen zwischen Innerem und Äußerem. Verkorkster Stuhlgang gehört zu Innerem, Orangenhaut oder Falten zu Äußerem (weiblich), Rücken zu Innerem (intergeschlechtlich) und fahle Haare zu Äußerem (wieder männlich). Es ist wie im freien Amerika: Alles ist möglich! Es lebe das freie Jammertum.

Deswegen hält die Freiheitsstatue in New York in der linken Hand eine Liste ihrer Wehwehchen, trägt als Symbol ihres Leidens eine Dornenkrone und hält in der rechten Hand das Feuer des Schmerzes hoch. Dass ihr eigentlich nichts fehlt, sieht man an der aufrechten Haltung. Besucher können im Kopf bei einer Tasse Tee und kleinen Speisen erkunden, was da schief läuft.

„Herr Doktor, der Simulant auf Zimmer 4 ist gestorben." „Na jetzt übertreibt er aber."

Wer völlig gesund ist und keine Möglichkeit hat körperliche Unzulänglichkeiten anzupreisen, der kann ins Diffuse ausweichen. "Warum immer ich!", "Immer trifft es nur mich!", "Andere haben auch keine Platt-, Spreiz- und Senkfüße!", "Niemand liebt mich!" „Keiner ruft mich an." Sich etwas einzubilden, ist übrigens eine unabdingbare Vorstufe und Lernhilfe, für alle, die vorankommen wollen. Das ist das Schöne daran, es gibt Vorstufen, verschiedene Jammertechniken und sogar Steigerungsformen.

**Merke: Jammern steigert die Phantasie und macht erfinderisch**

Wer mit der Reaktion seiner Umwelt unzufrieden ist oder inzwischen nur noch nach dem Motto "Der schon wieder." oder "Andauernd die gleiche Leier." abgewunken wird, der legt noch ne Schippe drauf. Aus dem unregelmäßigen Stuhlgang, der einfach nur durch falsches Essen entstanden ist, lässt sich immer was machen. "Liebling. Ich glaube, ich habe Magen-Darm-Krebs." Perfekt! Volltreffer! Beide Daumen hoch. Ein Tumor zieht immer. Der hat sowas morbides, sowas endgültiges. Da kann sich niemand mehr dem Mitleid verweigern. Wer ständig nur substanzlos jammert, aber nichts ändert, bekommt irgendwann auch keine Zusatzportion Zuwendung mehr. Dysthymiker sein, muss man wirklich wollen. Bringt auch nix, wenn man wohlmeinenden Ratschlägen folgt, sich vor einen Spiegel stellt und mit ner Glasscheibe schwätzt: "Spiegel, mir fehlt nix, mir geht's gut. Ich bin hübsch. Ich bin toll, absolut zufrieden mit mir" Therapeutisches Einrasten ist kontraproduktiv, wenn einem ein Anfall herrlich depressiv cholerischen Ausrastens gelungen ist. Was soll all das Glücksgerede? So bringt einem niemand die Mahlzeit ans Bett, massiert den Rücken, hört mitleidvoll zu, oder streicht einem besorgt über die Stirn. Dann muss man sich sein Essen selbst machen und wird voll in den Haushalt eingebunden.

**Merke: Glückszustand führt zu Arbeit**

Fassen wir unsere Erkenntnisse zusammen:

Jammern fördert die Gemeinschaft, verringert Pflichten, ist vielseitig und beflügelt den Geist.

Man sollte aber bewusst dosieren. Sonst sitzt man als einsamer Nörgler und Wehklager im Jammertal herum und ertrinkt am Ende im Fluss des Kummers, weil er Hochwasser führt.

Ein kurz und knackiges: "Schatz, ich liebe dich, aber nur noch ein paar Monate, dann ist es mit mir vorbei." Ist ein unübertreffbarer Knaller hinten dran uns ist oft wirkungsvoller, als andauerndes Gemecker und sorgenvolle Miene.

Als Angehöriger kann man natürlich mit einem Knaller rückmelden, dass man dazu gelernt hat: "Schatz, wenn du von dieser Welt gehst, gehe ich auch." Bingo! Ball zurückgespielt. Geteiltes Leid ist jetzt doppeltes und nicht mehr halbes. Eine Steigerung sozusagen um 400 Prozent.

Ich selbst bin noch nicht soweit. Das hängt vielleicht damit zusammen, dass ich am Tisch bei Kaffee und Kuchen falsch angefangen habe:

Ich "Warum habe nur immer ich die Kirschkerne im Kuchen?"

Stumpfe Antwort von ihr: "Weil bei dem Kuchen die Kirschen nicht entsteint wurden."

Die Gabe perfekten Jammerns ist eben nicht jedem gegeben. Seufz. Da muss ich eben weiter trainieren. Wobei. Viel Zeit habe ich mit Mitte 50 nicht mehr.

Wissenswertes:

Bei all dem wunderbaren Unglück darf die Gegenseite nicht untätig bleiben.

In Neu-Delhis Schulen ist das Unterrichtsfach Glück ein fester Bestandteil des Lehrplanes. Gelehrt werden Achtsamkeit, wertschätzende Kommunikation und kritisches Denken.

Seit 2017 gibt es in Österreich, der Schweiz und Deutschland Glücksunterricht an insgesamt 100 Schulen. 2022 erfand die TU Braunschweig das Thema neu und führte für über 300 Kinder ebenfalls Glücksunterricht ein.

Aber würde ein gesundes glückliches Umfeld dies nicht erübrigen?

# Kapitel 15
## Überraschungen und Wunder

Überraschungen sind die Wunder der Realität. Wann haben Sie das letzte Mal eine Überraschung erfahren? Ganz ehrlich, das ist doch schon lange her. Vermutlich war es beim Zahnarzt, der kein Loch fand und Sie lediglich darauf hinwies, dass Sie in den Ecken mehr putzen müssen. Was er übrigens seit Jahren sagt und was demzufolge nicht überrascht. Und dann ist man doch überrascht, weil man viel zu zeitig wieder auf der Straße steht. Das ist auch schon das Höchste der Gefühle in Sachen Überraschung. Wen wundert's, ist ja jedes Jahr so.

„Unerwartete Überraschungen" sind übrigens Nonsens, denn sie sind per se unerwartet und damit eine Überraschung.

Wir organisieren in der heutigen Zeit komplett unseren Urlaub durch, regeln im Alltag den Tagesablauf und unseren Familienzuwachs planen wir sowieso. Damit schaffen wir mit unserem nüchternen Erwachsenentum unsere positiven Überraschungen und Abenteuer selbst ab. Übrig bleiben negative Überraschungen, wie die Nachzahlung an den Energieversorger, der Zahlungsbescheid vom Finanzamt oder das Auto, welches nicht mehr so will wie sein Eigentümer.

Man muss sich seine Überraschungen heutzutage anscheinend selbst und gegenseitig organisieren. Kochen sie beispielsweise ihren Lieben doch mal was Außergewöhnliches. Zur Abwechslung mal toootal ungesund, dafür aber lecker. Als Nachtisch servieren Sie Erdbeeren mit Sahne. Vergessen Sie nicht viel Alkohol. Damit wird der Partner wieder so attraktiv wie

früher. Ach Sie meinen wirklich, dass das Essen in der heutigen Überflussgesellschaft keine Überraschung mehr sein könne? Na dann salzen Sie doch einfach die Erdbeeren. Außer die eigenen natürlich. Diese können Sie dann "ganz tapfer" vor den Augen der anderen essen. Die Überraschung wird unvergesslich, diese vor Ekel verzerrten Gesichter mit den versalzenen Erdbeeren im Mund, die vor Schreck nicht wissen wohin mit der Nahrung und sich selbst; und dann die staunenden Kulleraugen erst, wenn Sie als Gastgeber alles aufessen und dann noch die Schüssel auslecken. Aber das gehört zu den kleineren und nicht zu den größeren Überraschungen. Überraschen Sie deshalb ihre zarte Lebenspartnerin doch mit einer Penisvergrößerung von S auf XL oder einer Brustvergrößerung von Brett zu Euter. Wobei, nicht jeder Mann mag von großen Möpsen euternasiert werden und bei ihr kommt es eher auf seine Technik an. Wer mit Wenig nichts anzufangen weiß, weiß es mit Mehr auch nicht. Da ist es besser, mit Viagra die Weichen zu stellen. Klar kann das in einer ungefestigten Beziehung mordsmäßig nach hinten abgehen, ist aber egal. Eine Überraschung ist es allemal.
Aber es gibt noch richtige Überraschungen. Wenn es im Winter kalt wird zum Beispiel. Ernsthaft, dass soll vorkommen. Diese Überraschung kann nur noch durch Schneefall, und das mitten im Winter!, getoppt werden. Dann geht gar nichts mehr. Autos bleiben mit Sommerreifen stehen oder landen in Seitengräben, LKW's ohne Profil stehen quer und dann der Winterdienst erst. Völlig schockiert und überrascht schaut er zum Fenster raus und bestaunt die Schneeflocken. Dann gefriert ab Null Grad abwärts zu allem Überfluss noch das Wasser. Nicht auszudenken, dass so etwas möglich ist. Was für eine Überraschung!! Und dann bricht überall Hektik aus. Autowaschanlagen

frieren ein, Straßenbahnen bleiben liegen, Züge kommen zu spät, Flieger bleiben am Boden. Davon werden die Leute aber schon lange nicht mehr überrascht. "Aufgrund von Schneefall und gestörten Weichen, fällt der RE3 von Jüterborg über Berlin Hauptbahnhof nach Stralsund heute aus. Der Schienenersatzverkehr steht gegenüber dem Bahnhofsgebäude für sie zur Verfügung." Dann kommt die Überraschung, die erfahrungsgemäß keine sein dürfte! Da steht kein Bus. Zwei Stunden später erfahren viele Chefs, dass ihre Mitarbeiter durch Schneefall an diesem Tag wertlos für sie geworden sind und stellen unter Umständen fest, dass sie auch ohne sie auskommen. Ein Wunder der Personaloptimierung. Den ganzen Sommer über heizt die Bahn die Weichen und somit die Umwelt, nur um den überschüssigen Flatterstrom der Windräder (eine Folge der Klima- und Energiewende) abzubauen und wenn es dann kalt wird, friert die blöde Technik ein. Überraschung! Überraschungen sind aber nur die Vorstufe von Wundern.

Wobei Wunder oft nur vorgespielt werden, wie bei der Zahnfee, beim Orgasmus oder beim Arbeitsamt, wenn Sie 20 Jobangebote aus dem PC ziehen, die sich dann als völlig wertlos entpuppen.

Mütter tun so, als hätte der Nachwuchs ein Wunder vollbracht, wenn er erstmals ein Häufchen ins Töpfchen setzte und ignorieren, dass er danach wie ein Äffchen mit dem Finger drin herumgerührt hat und völlig verschmiert ist.

Frauen tun so, als ob Männer im Bett Wunder vollbracht hätten. Sie tun aber auch so, als ob die zarten Gatten beim Regalanbau ein Wunder vollbracht hätten, obwohl sie genau wissen, dass es schief ist und hätte besser werden müssen.

Männer erzählen den Frauen, dass sie wunderschöne Beine oder Haare haben, nur um zu vermeiden, dass sie ihre Meinung zu ihrem Hintern oder ihrer Brust abfragen und wundern sich, dass diese es glauben. Da wird klar, dass Mutter- oder Vaterliebe eigentlich Wunder sind, dass funktionierende Beziehungen zwischen Mann und Frau wahre Wunder sind, eine pünktliche Bahn dann doch immer wieder verwundert. Und Schneefall? Ja der ist jedes Jahr erneut eine Überraschung - und zwar immer dann, wenn Winter ist.

## Kapitel 16

# „Erst kommt das fressen, dann die Moral."

## Bertold Brecht

Kein Wunder, dass Bertold Brecht heutzutage nur noch selten von Ernährungswissenschaftlern zitiert wird (wenn er solche Sprüche absondert). Politisch mag das ja stimmen, aber beim Essen? Heutzutage kommt erst die Moral der Gesundheitsapostel, die nur das als moralisch anerkennen, was sie selbst radikal verkünden. Erst nach ihnen kommt die Moral der Regionalitätsverfechter, gefolgt von der Einkaufsmoral des Geldbeutels. Moral ist bei der Nahrung die Kurzform von Moralinsauer. Moralinsauer kommt von: in übertriebener, aufdringlicher Weise sittenstreng und moralisierend sein. Genau! Übertrieben und aufdringlich. Wenn ich es mir genau überlege, möchte ich nicht, dass nach jedem ungesunden Essen eine Moralpredigt kommt. Moralpredigt: das kommt von: „in meist aufdringlicher, belehrender Weise vorgebrachte Ermahnung zu richtigem Verhalten in sittlicher und moralischer Hinsicht." Das ist auch nicht besser und vergällt im Nachhinein jegliches kulinarische Vergnügen. Vergällen kommt übrigens von etwas denaturieren, um es ungenießbar zu machen. Und ich lasse mir meine Wurst nicht denaturieren. Da bekommt man nur einen ungesunden Magen davon. Vergällen hat noch eine zweite Bedeutung, nämlich jemandem die Freude an etwas verderben, ihm das Leben vergällen.

UND GENAU DAS VERSUCHT der Spruch von DIESEM BERTOLD BRECHT!!

Womit ich mich ungewollt bei Politikern und anderen Aposteln einreihe, bei denen Fressen über der Moral steht.

Ich muss jetzt jedes Mal, wenn ich ein fettiges Steak esse oder mir eine Parlamentsdebatte anschaue, an Brecht denken. Womit ich der Beweis bin, dass ungesundes Essen bildet.

# Kapitel 17

## Mitarbeiter sind immer wertvoll

In der Urfassung von Murphys Gesetz heißt es: „Wenn es mehrere Möglichkeiten gibt, eine Aufgabe zu erledigen, und eine davon in einer Katastrophe endet oder sonst wie unerwünschte Konsequenzen nach sich zieht, dann wird es jemand genauso machen."
Dantes meinte dazu, Murphy sei ein unverbesserlich/optimistischer Pessimist.

Ob es aber an unbewussten Sabotageakten unseres Gehirns liegt, unser Körper einen eigenen unbändigen Willen entwickelt oder einfach die Tücke des Objekts zuschlägt, bei der die Leberwurststulle immer auf die Wurstseite fällt, wer weiß das schon.

**Mitarbeiter sind jedenfalls nie schuld. Alles Unschuldsengel, mich eingeschlossen.**

Für mich gehören sie einfach dazu. Ich brauche sie für meinen Stress- und Adrenalinpegel, sonst wäre der Alltag stressfrei und harmonisch.
Ich traf und treffe ie als Kollegen auf der Baustelle, am Bürotisch gegenüber, als Mitarbeiter und Angestellte.

Sie sind Gott sei Dank überall, die unwissentlichen Boykottierer, die Besserwisser und Nichtskönner, die Welterklärer und - verbesserer, die Schwätzer, die Immermüden und Verschlafer, die Nabelschaubetreiber, Minutenfuchser und die, die Honeckers Spruch "Aus unseren Betrieben ist noch mehr herauszuholen." nur allzu wörtlich nehmen. Rechte haben alle, doch Pflichten kennt keiner. Dennoch heißt es, dass Mitarbeiter das Kapital jeder Firma sind. Da wird verständlich warum jeder Unternehmer, der es kann, seinen Laden vollautomatisiert.

**Jede Münze ist aber ohne ihre Rückseite nichts wert. Was im Umkehrschluss ergibt, dass der Fleißige ohne den Faulen auch nichts wert ist.**

Besonders unterhaltsam sind aber Narzissten am Bürotisch gegenüber. Ihr grandioses Gefühl der eigenen Wichtigkeit und ihr Verlangen nach übermäßiger Bewunderung, lassen jedes Gespräch zum Selbsttest werden. Da sie sich selbst idealisieren, machen ihre Fantasien von grenzenlosem Erfolg, Macht und Glanz sie zum besten Mitarbeiter aller Zeiten. Wer sich also langweilt, braucht nur ein Gespräch mit diesen intellektuellen Idioten anfangen und eine eigene – aber abweichende - Meinung vertreten. Ich lege mir in so einem Fall eine Tabelle an. In der linken Spalte befindet sich eine Skala von eins (Nerven liegen schon zu Beginn blank) bis zehn (Leck mich doch du Spinner! Mich lockst du nicht aus der Reserve). Daneben kommen die Fähigkeitsspalten „Ruhe bewahren", „sachlich bleiben" und „Gesprächsmasochismus". In den beiden Spalten ganz rechts trage ich ein, wie lange es dauert, bis die Situation eskaliert und ob der Narzisst ein Personalgespräch beantragt. Dann werte ich die drei mittleren Spalten aus. Je höher die Zahl, desto länger bleibt mir der Narzisst erhalten. Je kleiner die Zahl, desto größer werden meine Chancen auf einen ungewollten Arbeitsplatzwechsel mit anschließender therapeutischer Betreuung. Egal, was da herauskommt, es ist ein Drama bei dem es heißt: der Andere oder ich.

Abgesehen davon landen immer wieder Leute auf Arbeitsplätzen, wo man sich fragt, wie die dahin kommen konnten. Im Losverfahren? Von einer Zauberbohne dahin gepfropft? Oder haben sie außergewöhnliche Sexpraktiken drauf, von denen ich noch nie gehört habe? In dem Wort stecken nur Arbeit und Platz drin. Nach ein paar Tagen ist bei einigen Kollegen dann klar, dass das mit der Arbeit nix wird und am Platz sind sie auch nur selten produktiv. Da könnte man platzen, bei der Arbeit. Das verantwortungsbewusste Gegenüber macht jetzt dessen Arbeit mit und der schöpfungsfreie Faulpelz lebt dafür länger.

Da könnten unsere Mediziner mal ansetzen und eine Impfung für Fleiß, Pünktlichkeit und Hilfsbereitschaft entwickeln. Auch die Berufsgenossenschaften sind da gefragt. Das Verlassen des Stuhles könnte man im ersten Schritt als Arbeitgeber über Klettauflagen erschweren. Die Tastaturen könnten Stromschläge erteilen und immer, wenn er, es oder sie was anderes machen, bekommen alle Kollegen eine Mail. Nach fünf Massenmails pro Tag wird er über ein Seil außen herabgelassen und darf nicht mehr rein, natürlich unter Berücksichtigung aller Arbeits- und Hygieneschutzvorschriften. Sicherheit geht vor.

Davon verschont wird der faule Maulheld nur, wenn er allen Kollegen täglich einen kostenlosen Latte Macchiato spendiert, die Blumen gießt und lustige Geschichten erzählt. Pausenclowns werden mehr akzeptiert, als Miesepeter.

Also! Wer möchte mich zum Arbeitsminister machen? Niemand? Okay. Daran erkenne ich, dass ihr alle die Blumen im Büro gießt. Das Problem ist also größer, als ich gedacht hätte. Ich lege mich jetzt wieder hin. Mein Kollege macht meine Arbeit schon mal mit. Wenn ich ihm einen Latte hinstelle, kommt er immer wieder von seinem Ärger herunter. Ficus Benjamini, Gummibaum, Yucca-Palme und Konsorten kommen auch mal einen Vormittag ohne mich aus. Der Chef hat mich eh auf dem Kieker und ich habe keine Ahnung warum. Immerhin bin ich der beste Mann im Laden. Und wer was anderes behauptet, wird mich kennenlernen.

# Kapitel 18
## Das neue babylonische Gebrabbel

Gen 11,7: "Auf, steigen wir hinab, und verwirren wir dort ihre Sprache, so dass keiner mehr die Sprache des anderen versteht." Bibel

Darauf haben die interdiversen benutzerdefinierten Männ*Innen oder Mensch*Innen dieser Welt schon lange warten müssen. Sie werden jetzt endlich wahrgenommen. Bisher gab es nur Männlichkeit und Weiblichkeit wurde überhaupt nicht wahrgenommen, weder von Männern noch von Frauen; von den anderen dutzenden Geschlechtern erst gar nicht zu reden. Aber jetzt wurde dem generischen Maskulinum endlich der verdiente vernichtende Schlag versetzt. Wer braucht schon männlich, wenn er/sie/es es auch rein weiblich klingen lassen kann. Wer da nicht mitmacht, ist ein Dorftrottel*In. Aber lassen wir den erbosten Scherz beiseite, denn ich bin ja kein Scherz*In oder Scherzbold*In und das Thema ist einfach zu wichtig für die Mitglieder*Innen einer gesunden Gesellschaft.

Immerhin können jetzt Elter*Innen, Mensch*Innen und Kinder*Innen sich endlich gegenseitig diskriminierungsfrei Ausdrücke wie ihr Dummköpf*Innen an den Kopf werfen. oder weibliche Samenspender*Innen endlich als solche bezeichnen. Dafür haben Kann-Nix und IdeologiX durch ihre scheinuniversitären ProfiX und StudierX an den neugeschaffenen Gendestudiestätten der Unbildung gesorgt. Jetzt kann in der neuen Geschlechtergerechtigkeit auch ein Penis ein

weibliches Genital sein. In der Wortschöpfung be-
steht allerdings noch Nachholbedarf, denn die weib-
liche Form von Penis wäre dann wie? Aber Einer*In
muss doch den Anfang machen und solche Unwichtig-
keiten kann man später klären.

Spielen wir doch die Gendergerechtigkeit mal anhand
eines bekannten Spruches durch: "Lieber einen Spatz
in der Hand als die Taube auf dem Dach." Das würde
jetzt bedeuten, dass man korrekt sagen würde: "Lie-
ber einen Spätz*In in der Hand, als einen Taub*En auf
dem Dach." Ein Schelm*In wer da Böses denkt.

Unser männlicher "Bürger:innenmeister:in" meinte
einmal hocherfreut: "Es gibt jetzt endlich die Anal-
phabet*Innen, die Vergewaltiger*Innen, die Ama-
teur*Innen und die Fußfetischist*Innen. Das macht
vieles einfacher in der Benennung von Teilen unserer
Stadtbewohner*Innen." Das sehe ich genauso, denn
es entlastet den unterentwickelten männlichen Teil
der Bevölkerung enorm. Da bleibt allen Hallodri*In-
nen das Hallodri*Innentum im Halse stecken.

Bauarbeiter*Innen zu sagen, macht natürlich Sinn.
Obwohl es kaum Frauen in den körperlich schweren
Berufen gibt, zieht jetzt die Weiblichkeit in dieser
Männerdomäne ein. Bauarbeiter*Innen macht auch
den größten Dumm*Innen klar, dass jeder erotisch
verschwitzte Muskelprotz vom Straßenbau auch eine
weibliche Seite hat.

Es war gut, dass endlich die Apostel*Innen des Femi-
nismus mit dem Sprachbrei der Deutsch*Innen auf-
räumten. Mit göttlichem Sendungsbewusstsein

wurde den Spitzbüb\*Innen des generischen Maskulinums mit dem Gerechtigkeitssprachbeil des Henker\*In im Duden der Garaus gemacht, also der Sache ein Ende bereitet.

„Der Kunde ist König" wird jetzt zum „Der Kunde und die Kundin sind König und Königin". Da wird selbst die Muttermilch, sorry, des oder der Milchgebenden sauer. Ach ja, es heißt ja jetzt Menschenmilch damit Frauen, die sich männlich fühlen berücksichtigt werden. Oder war es umgekehrt?

Yippieh! Endlich wird die sowieso schwer zu erlernende deutsche Sprache für den gesunden Menschenverstand endgültig unerreichbar sein. Was nur die Überlegenheit der deutschen Gendersprache unterstreicht. Das Gendern wird durch seine göttliche Unnachahmbarkeit somit legitimiert und ihre Verfechter\*Innen zu Heilig\*Innen macht. Da muss sogar seine Heiligkeit\*In als Oberhaupt\*In des Papst\*Innentums ehrerfürchtig vom hohen Thron des gläubigen Patriarchats herabsteigen und den Sendbot\*Innen und Erlöser\*Innen seine Hochachtung zollen.

Von außerhalb schüttelt allerdings der Ein\*In oder Ander\*In verständnislos sein/ihr Haupt. Dies insbesondere, wenn m/w/d aus einem anderen Sprachraum heraus Sinn und Unsinn der Wortsetzung ergründen und irgendwann Deutsch sprechen wollen. Sie stolpern an den Einschlägen, den die Artillerist\*Innen in der Sprache der Dichter\*Innen und Denker\*Innen so bravourös wie Artist\*Innen hinterlassen haben.

"Wegen ihres Wahnwitzes strafte sie Gott, verwirrte ihre Köpfe und zerstreute ihren Verstand, so dass ihr Turm der verrückten Kommunikation nicht vollendet werden konnte."

Herr erbarme dich ihrer!

Ob großes X, Sternchen oder Schrägstrich oder das vorher eingeführte doppel-S statt ß, es wird immer mehr ein Sprachsalat, den sogar Veganer ablehnen. Dichter die gendern, will niemand lesen oder sollte ich lieber sagen, kann niemand mehr?

Vielleicht helfen aber auch, die sich wie ein Krake eingeschlichenen Anglizismen. Da finden dann die Trinkenden ihren "Café to go", jetzt auch zum Mitnehmen, die Radfahrenden ihr E-Bike, jetzt auch zum Mitnehmen, während andere im "stop and go" unterwegs zum "park and ride" sind. Und dann gibt es die, die wegen dem ganzen Unsinn dieser sprachlichen Freakshow immer wütender auf ihre Tastatur Hämmernden wie mich, die gerade verdächtig nahe an ihren geistigen Blackout geraten. Ich wünsche den ganzen Sprachverhunzer*Innen ihr baldiges Waterloo. Die brauchen alle mal ein paar Subbotniks, diese Asholes oder Ashol*Innen, aber nicht in Chillout- sondern in Workout-Areas. Die haben ihre Köpfe doch nur, um sie zu dem Haareschneidenden zu bringen, der das am Tag tausend Mal ist und tausendmal nicht. Warum? Weil er/sie/es immer dann, wenn er/sie /es die Schere weglegt, dann kein Haareschneidender mehr ist. Weswegen es wichtig ist, hier endlich vorurteilsfrei zu unterscheiden.

So, Doswidaniya! Ich bin aus der Runde dann mal weg, Nase voll!!

PS.:

Wenn jemand jetzt behauptet, ich sei ein Nörgelnder, dann gebe ich ihm/ihr/sonst was sogar recht, auch sprachlich.

PPS.:

Wer jetzt schon Probleme beim Zuhören oder schon beim Lesen hatte, der warte mal ab, was da noch so kommt. Man kann sich aber auch an die verantwortlichen Düd*Innen und ProfeX wenden oder den Unsinn einfach ignorieren, wie meine Oma.

PS zum PPS:

Mögen Sie mich jetzt noch? Macht nix. Ich verzeihe Ihnen.

Unsere Lebenszeit ist sowieso für kindisches beleidigt sein, viel zu kurz.

# Kapitel 19
## Zuviel Zeit?

Ein Freund erzählte mir, dass er seine alte Standuhr reparieren müsste. Sie würde immer die falsche Zeit anzeigen. Doch gibt es defacto überhaupt keine falsche oder richtige Zeit.

Zeit ist relativ. Sie vergeht schnell, wie bei der Arbeit an frischer Luft oder langsam, wenn man nicht einschlafen kann. Wir verdaddeln häufig unsere Zeit, wie beim wegklicken unserer Emails, verbringen sie sinnlos wie mein Ältester vorm Computerspiel, vertrödeln sie auf dem Heimweg oder vertreiben sie sich wie meine ehemaligen Mitarbeiter auf Arbeit. Wir vertändeln sie bei unnötigen Tätigkeiten oder stoppen sie, wie der Sportlehrer beim Hundertmeterlauf.

Man kann jemandem wertvolle Zeit für seine Abschlussarbeit geben, mit einer gelungenen Operation Lebenszeit schenken oder ein Zeitdieb sein, wie nahezu jeder engagierte Chef gegenüber seinen Angestellten.

Manche haben nie Zeit, besonders wenn sie in Rente sind, also eigentlich viel Zeit haben. Manche altern im Fernsehen scheinbar zeitlos. Bei anderen hinterlässt die Zeit ihre grauenvollen Furchen, wie wir immer wieder aus der Antifaltenwerbung erfahren.

Mein Nachwuchs jedenfalls schlägt sie erfolgreich tot.

Nach Einstein verläuft Zeit unterschiedlich und ist von der Geschwindigkeit abhängig. Während ich bereits über das nachmittägliche Kaffeetrinken nachdenke (weil ich meine Zeit ab früh sechs Uhr nutze), schlappt er gähnend zur Mittagszeit aus seinem Bett, bewegt sich in Zeitlupe im Schlafanzug über den Flur und dann blockiert er gefühlte Stunden das Bad. Nach unserem klugen Albert mit dem einen Stein lebt er also länger, weil ich mich schneller bewege. Dennoch bin ich für ihn ein Zeitfresser, weil ich ihm seine Auszeit nehme. Ich wecke ihn daher ab und zu zeitig und verlängere damit seinen Tag. Sinnvoll nutzt er seinen verfügbaren Zeitüberschuss jedoch nicht, aber vielleicht kommt seine Zeit ja noch.

Beruflich verbringe ich viel Zeit auswärts, vergeudete Familienzeit sozusagen. Wenn ich im Auto auf dem Heimweg allerdings langsamer fahren würde, würde ich länger leben. Dann wäre ich aber auch länger unterwegs, was ich natürlich wieder gegenrechnen müsste. Somit komme ich zu dem Schluss, dass ein Plus an Fahrzeit auf ein Minus an Familienzeit hinauslaufen würde oder anders betrachtet, auf ein Plus entgangener Lebenszeit. Bringt also nix. Und wenn meine Frau herausfindet, dass ich bewusst auf dem Heimweg eine Zusatzzeit in Anspruch nehme, kann eine verkürzte Lebenszeit auch andere Gründe bekommen.

Besonders kurios sind jedoch Winterzeit und Sommerzeit. Jedes Mal, wenn die Zeit umgestellt wird, wird der größte Teil des Planeten eine Stunde jünger oder eben wieder älter, also gleich alt. Zurzeit wird in der EU über die Zeit abgestimmt. Aber entweder hinkt die Zeit hinterher oder sie rennt vorweg. Da die Natur so einen Blödsinn nicht kennt, fällt sie nach unserer Wahrnehmung aus unserer Zeitrechnung heraus. Die macht ungerührt einfach weiter. Vögel stehen eben immer zu selben Zeit auf, genau wie die Sonne immer zur selben Zeit auf- und wieder untergeht. Es ist ihnen egal ob und wie wir Menschen an unseren selbstgebastelten Chronometern herumdrehen. Wenn die Zeit gekommen ist, spielt eh alles keine Rolle mehr.

Jeder weiß, wer früher stirbt ist länger tot. Daher sollten wir die uns verbleibende Zeit mit unseren Familien verbringen, uns gegenseitig mehr Zeit widmen. Aber auch uns selbst dabei nicht vergessen. Ob Arbeitszeit, Lernzeit, jeder braucht eigene Auszeiten. Urlaubszeit und Weihnachtszeit reichen allein da nicht aus.

Menschen, die sich geliebt fühlen, sind gesünder und leben länger. Daher kann jeder dem anderen etwas Lebenszeit schenken. Man muss nur ein ganz klein wenig Zeit investieren. Kostenlos und ganz einfach mal so. Sich ab und zu in den Arm nehmen, sich zuhören, mal über den Kopf oder den Arm streicheln, den anderen bewusst wahrnehmen, sie oder ihn überraschen. Denn seien wir ehrlich. Wir sollten unsere Zeit sinnvoll nutzen, denn uns allen rennt die Zeit davon.

# Kapitel 20
## Bärte und ihre Männer

Bart ist ein Zeichen von Männlichkeit, mit dem Männer zeigen wollen, was sie für harte, coole, intelligente oder draufgängerische Typen sind. Aber Bartmode war eine Zeitlang durch die Feministinnen echt verpönt. "Männer die Bärte tragen, verstecken sich nur." hieß es. Alles klar! Und Frauen die sich schminken, sind sich versteckende Clowns. Ich bin mit diesem Unsinn aufgewachsen. Dieses Anti-Männerzeugs schwabbte sogar hinter den eisernen Vorhang der DDR, wenn auch sonst nicht viel dorthin schwabbte. Jetzt tragen Männer jedenfalls ihre Bärte wieder offen und zeigen was für behaarte Neandertaler sie sind.

Im Alten Ägypten war der Bart ein Zeichen der göttlichen Macht der Pharaonen. Witziger Weise banden sie sich jedoch eine Attrappe um und waren darunter rasiert. Der Fakebart dient heute nur noch als Faschingsspaß oder für Frauen, die gern Männer sein wollen. So schnell kann es gehen.
Bis zur Eroberung durch Alexander den Großen von Makedonien im 4. Jahrhundert vor Christus waren beispielsweise die alten Griechen stolz auf ihre langen Bärte. Es war eine offizielle Bestrafung, wenn jemandem der Bart abrasiert wurde. Heute wäre das vermutlich nur bei den vielen männlichen Dutt der Fall. Der Dutt wurde aber auch nur den Wikingern geklaut. Jedoch wirkten die männlich, waren keine

schmalhüftigen Hänflinge und trugen auch keine knallengen Jeans. Die Wikinger flochten in ihre massiven Bärte Zöpfe ein, was damals aber eher militärische als die heutigen eher femininen Gründe hatte.

Abraham Lincoln trug die „Schifferkrause", einen Kinnbart, der ohne sein markantes Gesicht lächerlich gewirkt hätte. Nicht zu verwechseln mit dem Ziegenbart, der in der Mitte des Kinns bis zur Unterlippe wuchert. Zwei Bartarten, wo es keinen Sinn macht daran zu ziehen, weil sie zu kurz sind.

Karl Marx trug den „Revoluzzerbart und sah im Gesicht dadurch aus, wie Angela Davis' Deckhaar auf dem Kopf. Der klassische Vollbart braucht Jahre, um undurchdringlich und groß zu werden. Er kann unten breit sein oder leicht spitz zulaufen. In diesem Bart kann jeder Mann sein Messer, dass er zwischen den Zähnen trägt, verstecken oder bei der Familienfeier heimlich die letzte Gänsekeule versenken. Frauen können problemlos in das Gestrüpp einen Fleischerhaken stecken und eine Wurst zum Lufttrocknen daran aufhängen. Oder sie bewahren ihren Schminkkoffer und/oder alternativ die Feuerhölzchen für den gemütlichen Abend bei Kerzenschein darin auf. Das passt gut zusammen, denn Männer wollen mit diesen Abwehrborsten wie ein wilder Holzfäller oder Jäger wirken
(Und dann arbeiten die maskulinen "Holzfäller" in Wirklichkeit in einem Nagelstudio, essen Weintrauben und streicheln Kaninchen.)

Kaiser Wilhelm sorgte mit seinem nach oben gebogenen Schnauzbart dafür, dass Millionen von Männern mit einem Bartbinder ins Bett gingen, ihre Frauen nachts erschreckten oder morgens zum Lachen brachten, nur um sich den ganzen Tag Sorgen um ihre hochgeknebelten und eingeschwärzten Schnauzbartenden zu machen.

Allerdings ist dieser Bart Typ nicht als Aufbewahrungsort kleiner Geheimnisse geeignet, obwohl er zwei Haken hat, um Handtücher zum Trocknen daran aufzuhängen. Die Wirkung des „Kaiser-Wilhelm-Bartes" ist so, dass der Mann an ein Warzenschwein mit seinen Hauern erinnert oder eben an den Kaiser.

Den „Zweifingerbart" von Charlie Chaplin machte ein kleiner widerwärtiger Diktator für alle Männer und alle Zeiten untragbar.

Und dann gibt es den „Dreitagebart", den viele Frauen attraktiv finden. Liebe Frauen, der Bart stachelt. Und

wenn die Konturen nicht sauber ausrasiert sind, dann
ist der Typ nur ungepflegt.

Da nehmt doch lieber einen Kerl mit dem „König
Heinrich Bart". Ihr wisst schon, das ist das Woll-
knäuel rund um den Mund. Angeblich soll dieser Bart
männlich-erotisch wirken. Kann sein, möglich ist al-
les. Immerhin gibt es für jeden Topf einen Deckel. Ihr
solltet aber nicht mit ihm einen Döner mit viel Kräu-
tersoße essen gehen. Die Soße hängt dann ringsum in
der Mundperücke und bei viel Sonne.... Na, ihr wisst
schon, was ich meine. Ihr habt Phantasie.

Der absolute Klassiker ist aber der Oberlippenbart,
französisch „Moustache" genannt, deutsch ausge-
sprochen: Mustasche.
(Versucht das mal auf sächsisch.)
Er ist gerade, mal kurz, mal lang, gezwirbelt oder ge-
stutzt. Die gezwirbelten und gefingerten Varianten
hatten wir schon. Dass dieser Nasenkitzler auch Rotz-
fänger genannt wird, spricht für sich. Ich würde mich
jedenfalls als Frau nachts heimlich an sein Bett schlei-
chen und ihn abrasieren oder behelfsweise farblosen
Hartlack aufpinseln. Dann muss er ihn am nächsten
Morgen selbst abnehmen.

Kennt jemand den „Chin Puff"? Nein? Das ist kein chinesischer Männerpuff, sondern so wird der schmale Bartstreifen genannt, der von der Mitte der Unterlippe über das Kinn bis fast zum Kropf geht.

Hugh Jackman machte als Superheld den Backenbart wieder modern. Dort rasiert man nur das Kinn und den Hals aus. Er ist ideal zur Mundreinigung, besonders wenn man sabbert.

Mein Lieblingsbart ist jedoch der „Ducktail" – zu Deutsch der Entenschwanz. Er verdankt seinen Namen, wen wundert's, seiner Form. Er ist im Grunde ein Vollbart mit rasierten Wangenpartien, der spitz unter dem Kinn auf einem Punkt zuläuft.

Klasse ist eine Oberlippenbartform, die das „Walross" genannt wird. Ich glaube, den muss ich nicht beschreiben.

Machen wir mal einen Zwischenabrechnung:
Wir haben: eine Ente, eine Ziege, ein Walross, einen Superhelden, einen chinesischen Männerpuff, eine Tasche mit Mus, des Kaisers Bart, des Königs Bart, einen Zweifingerjoe, einen vorgetäuschten Bart und eine Schifferkrause.
Vom dummen Vieh bis zum Kaiser ist also alles vertreten.

Bleiben wir bei den Asiaten. „Fu Manchu" heißt unser nächster Kandidat. Nein! Das ist keine Kampfsportart und auch niemand aus irgendeiner chinesischen oder mongolischen Dynastie. Ich würde ihn trotzdem eher „Dschingis Khans Trauerfussel" nennen. Er geht über die Oberlippe und an beiden Mundwinkeln nach unten. Klasse, so sieht niemand, wenn er verzweifelt und ratlos die Mundwinkel hängen lässt, weil er einen Nagel nicht gerade in die Wand bekommt oder ratlos vor der Steuererklärung sitzt.

Der Niedliche unter den haarigen Monstern ist der „Soul Patch". Da sich niemand etwas anderes darunter etwas vorstellen kann, als einen Jazzclub in New Orleans, erkläre ich ihn kurz. Er kommt mit ganz wenigen Haaren aus, ist meist dreieckig, nur zwei bis drei Zentimeter lang und hängt an der Mitte der Unterlippe.

Aber damit soll es genug sein.

Es gibt noch viel mehr Bartformen, den „Hollywoodian" und den Victor Emanuel Bart, den „Henryquatre", den „Anchor", den „ZZ" nach Frank Zappa benannt, einen „Rap Industry Standard" oder den (Käpten) Sparrow, wo am Kinn noch mal zwei Zöpfe aus dem Gestrüpp herausragen. Möchte wissen, wer sich diese Namen ausdenkt, „Rap Industry Standard", nicht zu fassen. Für mich sind das alles Fellfressen, auch wenn jede Bartform irgendwelche Eigenschaften des Trägers suggeriert und der Bart somit eine Art männlichen Balzverhalten darstellt.

In späteren Lebensjahren zeigt er nur, was der Bartträger jetzt nicht mehr ist und ist eher eine Art Trauerflor. Wobei so ein leicht ergrauter gepflegter Bart bei einem seriösen Herrn schon etwas hat. Das muss ich zugeben. Wenn ich mal seriös und älter bin, werde ich ernsthaft darüber nachdenken. "Rose & Tobacco Öl" war übrigens Bart-Öl des Jahres 2018. Da hat man im Geruch und Namen weibliche und männliche Bartträger aus einer Flasche gleichzeitig bedient. Klasse, ein Genderöl. Apropos Öl. Da schmieren sich doch Männer bis zu einen Liter Pomade ins Haar, also pro Kopf. Als ich einen fragte, ob er mit Schnecken verheiratet sei, guckte der mich ganz komisch an. Darauf sagte ich ihm, er soll seiner Schnecke einen schönen Gruß sagen. Sie solle sich mal die Füße waschen, weil sie sichtbare schleimspuren hinterlässt. Der nett gemeinte Hinweis wäre beinahe brenzlig geworden.

Also für mich ist schön was anderes. Jetzt kombiniere man noch Bartbinde mit Pomade und Haarspray. Da begreift man, warum Bartträger weniger von Läusen betroffen sind, als Nichtbarttragende. Oder sollte ich lieber Nichtbarttragend*Innen sagen? Wir sehen, bärtige Männer hängen ihre Bärte nach dem Wind, wenn sie lang genug sind, in den Wind und sind Dauerbalzer, die sich hinter Wuschelgesichtern mit Tiermotiven verstecken. Ich brauche das nicht.

Bärte sind außerdem hinderlich -beim umranden der Lippen. (Lach.)

Nein, das war nur ein Scherz! Ich sehe einfach mit Bart scheiße aus, er macht älter und juckt.

Also ihr Barbaren, ab zum Barbier und kommt mir nicht unter einem Walross wieder zurück.

# Kapitel 21
## Heilig Abend, das Fest der Erziehung

Ich brauche weder Fasching, noch Karneval, noch das über Irland nach Amerika und wieder zurück gewanderte Halloween. Jedes Jahr setze ich mir eine gruselige Latexmaske mit einer kombinierten Bartperücke auf, nehme einen Prügelstock mit blickdichtem Sack und mache ich auf den Weg. Dann heißt es mit tiefer Stimme vor ängstlichen Kindern: "Knüppel aus dem Sack". Grund ist, dass vor über 2.000 Jahren der Apostel der Liebe, Jesus, geboren wurde. Der Weihnachtsmann, eine Perversion des christlichen Festes, die ich wie viele andere Männer nutze, um die Kinder der Nachbarschaft und die eigenen zu erschrecken. Hauptauftrag ist der Versuch, die im Laufe des Jahres versäumte Erziehung an einem einzigen Abend unter Gewaltandrohung nachzuholen. Und ich bin nicht der Einzige. Wir sind eine ganze Armee in blutrote Gewänder gehüllter Pseudopädagogen, denen das gesellschaftliche Vorankommen unserer Kleinsten am Herzen liegt. Ohne uns je vorher kennengelernt zu haben, machen wir uns fast gleichzeitig jedes Jahr auf den Weg; getrieben von der Profession, die jüngste Generation auf den Pfad der Tugend zurück zu ängstigen.

Bei jeder gelungenen Erziehungsmaßnahme gibt es dann von den Erziehungsverfehlenden den einen oder anderen Schnaps. Was im Laufe des Abends dazu führt, dass auf düsteren Straßen, unter dem fahlen Licht der Laternen, jede Menge schwer atmender torkelnder Gestalten an denselben herumlehnen. Sie schöpfen Kraft, um es aufrecht bis zur nächsten Klingel zu schaffen. Wer also einen Weihnachtsmann bucht, sollte bedenken, dass dieser umso gruseliger wirkt, je später der Abend wird. Allerdings besteht die Gefahr, dass er versehentlich bei dem älteren Rentnerehepaar von nebenan landet, ohne es zu merken. Kann also Sinn machen, ihn nicht zum Anfang des Abends zu buchen. Tut den Missmutigen von nebenan nämlich auch mal ganz gut, so eine böse Überraschung. Aber meistens klappt es trotz Schnaps mit dem Klingelschilder lesen. Außerdem müssen ja die Kinder die Gedichte aufsagen, singen oder musizieren und nicht der dicke Typ mit der Alkoholfahne. Je trinkfester die Soldaten der Liebe sind, umso wahrscheinlicher ist es, dass sie ihre Mission zu Ende bringen. Wer da misstrauisch ist, kann sich vorab die Leberwerte geben lassen. Je schlechter diese sind, umso besser kommt der Besucher mit dem Alkohol klar. Was nur zeigt, dass er seine Aufgabe ernst nimmt und bis unter die Halskrause voll dabei ist.

Blöd ist eben nur, wenn die Eltern den Kindern, danach Geschenke präsentieren, sozusagen als Wiedergutmachung für den Schrecken. Das torpediert den Sinn des Heiligen Abend und so machen sich alle ein Jahr später wieder erneut auf den Weg und versuchen es wieder und wieder und wieder.

Da ich nicht viel Alkohol vertrage, besuche ich nur meine eigenen Kinder. Die zu kolportierende Kritik fällt mir leichter und ich kann meine Frau gleich mit in das Boot setzen. Eigentlich mache ich es nur, weil es die einzige Gelegenheit im Jahr ist, sie vor mir stramm stehen zu lassen. Das werde ich mir doch nicht entgehen lassen.

An einen meiner Auftritte erinnere ich mich noch, als ob es heute gewesen wäre. Das war, bevor mir meine Frau die Latexmaske mit Bart wegnahm und gegen eine harmlose Vollwuschelmaske aus Hart PVC ersetzte.

Ich hatte mich mit der Begründung, ich müsse noch schnell Käse für das Abendessen kaufen, aus Reichweite gebracht. Während drinnen literarisch noch mal auf den Besuch des Weihnachtsmannes geprobt wurde, zog ich mich im Schuppen um. Schnell noch ein Kissen als Bauch untergestopft, Perücke auf und Mantel mit Kapuze. Dann stand ich mit Sack und Knüppel vor unserem Haus und klopfte gegen die eigene Haustür.

Meine Frau öffnete und rief nach oben, statt den Weihnachtsmann standesgemäß zu begrüßen: "Kinder, der Weihnachtsmann ist da." Ich blieb also bockig draußen stehen und wartete ab. Als alle die Treppe herunterkamen, bügelte ich mit Wonnegrunzen in tiefer Weihnachtsmannstimme meiner Frau einen über: "In was für eine Familie bin ich denn hier geraten? In dieser Familie ist es wohl üblich, alte, weitgereiste Männer mit schweren Säcken an der Haustür abzuwimmeln." Bingo. Ich musste mich dabei zusammenreißen, damit mein breites Grinsen innerhalb der Grenzen meiner Maske blieb. Auch die herabkommenden Kinder grinsten, bekamen es aber auch gleichzeitig etwas mit der Angst zu tun.

Und schon bat sie mich mit einer Entschuldigung herein und bot mir einen Platz an. Unser Flur ist wie ein Wohnzimmer eingerichtet, mit Klavier, Natursteinwänden, Sessel, Tisch, Aquarium und indirekter Beleuchtung. Es ist ein Musizierzimmer mit Durch-Renn-Charakter zu unserem Klo. Ich setzte mich stöhnend nieder, tat so, als ob mein Rücken schmerzen würde und schaute dann würdevoll in die Runde. Der Kleinste fehlte. Ich entdeckte ihn unter dem Tisch. "Also bin ich hier richtig bei der Familie Groß?" hub ich mit gewaltiger Stimme an. "Meine Zwerge berichteten mir, dass ich hier fünf Leute antreffen würde.

Ich sehe aber nur drei. Wo ist denn der Vater?" Eigentlich vermisse ich mich selbst nur selten und frage auch nicht nach mir. Das sollte Ausnahme bleiben. "Der hat schon wieder den Käse vergessen. Macht der jedes Jahr." verkündete der Mittlere. Irgendwie nahm das Ganze eine falsche Richtung. Fehlte nur noch, dass jemand verkünden würde, dass der Alte nicht mehr ganz klar in der Schüssel sei. Also nahm ich mir den Schwächsten, den Dreijährigen, unter dem Tisch vor. "Und was ist mit dir da unten? Möchtest du mal zu mir kommen?" „Nein! Ich warte auf meinen Papa." krähte es mit Anflügen von Pippi in den Augen. Läuft, dachte ich mir.

"Nun, habt ihr denn für mich etwas vorbereitet, ein Gedicht oder ein Lied? Du zum Beispiel!", machte ich Druck und schaute meinen Mittleren an. Daraufhin begann Hektik auszubrechen. Er hatte sich ein Weihnachtsgedicht auf Japanisch herausgesucht. Die Anime Generation erobert das Christenfest. Mir wäre lieber, er könne einen Nagel in die Wand hauen. Also kam erstmal der Kleine dran. "Meine Zwerge berichteten mir, dass du die Tapete in deinem Zimmer bemalst. Stimmt das?" "Dafür kann ich nichts." "Du weißt aber schon, dass das falsch ist und ich dich im Sack mitnehmen kann?" Hinter Mama versteckt, piepste es: "Ja, weiß ich. Das hat mein Bruder aber auch gemacht und der ist immer noch da."

Touchè.

"Versprichst du mir, es nicht mehr zu machen?" ignoriere ich die zwingende Logik des Kleinen. Er verspricht es und sagt sein Gedicht auf: "Lieber guter Weihnachtsmann, schau mich nicht so böse an." In einem Satz: lieb, Gut und Böse. Wer denkt sich nur so etwas aus! Gut, für das Böse hatte ich ja die Latexmaske auf, die mir in dem geheizten Raum inzwischen alle Poren geöffnet hatte. Kann ich übrigens allen Kosmetikern empfehlen Aber nummeriert die Kunden mit ihren Weihnachtsmannmasken durch, damit ihr sie auseinanderhalten könnt. Dann hören wir das endlich gefundene Gedicht auf Japanisch. Keine Ahnung, ob es wirklich was mit Heilig Abend zu tun hatte. Danach singen wir „Es ist ein Ros entsprungen". Alle grinsen, weil sie an ein Pferd denken müssen. Ich wünsche mir auch eins, für die Flucht. Wir müssen mehr zusammen singen üben. Bei den schrägen Klängen frage ich mich, ob man Freejazz singen und als Kanon vorführen kann. Selbst im Aquarium hat das bunte Gewimmel aufgehört. Aber dann gibt es als Ersatz noch Klaviermusik mit Flöte. Frau und Tochter retten, was musikalisch noch zu retten ist.

Danach verteile ich an jeden noch ein kleines Geschenk aus dem Sack, belehre und ermahne alle, stampfe mit dem Stock auf und lasse alle nochmal stramm stehen. Das musste einfach sein.

Kurze Zeit später stehe ich wieder draußen und brauche einen Schnaps.

Der Schnee ist in Regen übergangen und auf der Straße hasten feuchte Rotkittel im Laternenlicht von Haustür zu Haustür.

Es ist Weihnachten.

Nachtrag:

Heutzutage gibt es alljährlich ein großes Weihnachtsmanntreffen, bei dem über 800 „Experten" zum großen HoHoHo auftreffen. Damit widerlegen sie für jedes Kind eindeutig das Märchen von DEM EINEN

Weihnachtsmann. 90 Prozent von denen kommen wahrscheinlich nur, weil sie gern einen heben. Andere tragen den Weihnachtsmann-Umhang als Fetisch oder glauben bei einer Cosplaypartie zu sein. Die anderen 10% bestehen vermutlich aus Jugendamtsmitarbeitern, die den roten Gesellen das Handwerk legen wollen, immerhin sind wir eine gewaltfreie Gesellschaft. Also bringe ich nächstes Jahr noch ein paar Weihnachtspersonen mit, wie es so idiotisch korrekt heißt. Dann bilden wir einen Gesprächskreis mit den Kindern und meiner Frau, tanzen unsere Probleme bei einigen Ave Maria in den Sack. Den schnüre ich dann zu und trage alle Probleme nach draußen. Perfekt. Ist schon komisch, dass es zwei Jahrtausende brauchte, bis wir darauf kamen, wie wir alle familiären Probleme so einfach lösen können.

# Kapitel 22

## Hart aber unfair
### Der Weg zum Nichtraucher

In der Seefahrt gibt es trawlende Trawler* und nicht-trawlende Trawler, funkelnde Funkel** und nichtfunkelnde Funkel. So etwas begegnet uns überall, auch an Land. Es gibt Haare schneidende Haareschneider und nicht Haare schneidende Haareschneider, studierende Studenten und nichtstudierende Studenten und überall unter uns leben sie, an Land wie auf See, unerkannt und anonym, die nichtrauchenden Raucher, die früher rauchende Raucher waren.

Machen wir uns keinen blauen Dunst vor, wenn ein backender Bäcker für sich entscheidet, dass er zukünftig ein nichtbackender Bäcker sein möchte, so hat er es viel leichter, als ein rauchender Raucher, der dem Gestank des Nikotingenusses entfliehen und ein nichtrauchender Raucher werden möchte. Stellen wir uns vor, jemand möchte auf dem zweiten Bildungsweg nochmal studieren (zum Beispiel Gender) und mit dem Rauchen aufhören, zum Beispiel ein Bäcker. Dann wäre das ein backender Bäcker, der ein nichtstudierender Student und ein rauchender Raucher mit dem Ziel ist, ein nichtbackender Bäcker, studierender Student und nichtrauchender Raucher zu werden. Raucht Ihnen schon der Kopf? Warten Sie nur ab, jetzt kommt es knüppelhart. Wir gendern. Wollen Sie es lieber mit X oder BinnensternchenInnen? Nein, keine Angst, das Thema ist ja ein anderes. Nichtraucher werden, beginnt nämlich im Kopf und der muss klar bleiben, was beim gendern oft schwierig wird.

Zunächst muss man so richtig die Nase voll von der Qualmerei haben, sei es durch bereits vorhandene gesundheitliche Probleme oder durch die Angst davor. Gesundheitliche Probleme kann man übrigens auch bekommen, weil der Partner nachts wegen der Husterei nicht mehr schlafen kann. Wer dann im Schlaf mit dem Kissen umgebracht wird, ist nach geltender Rechtsprechung übrigens nicht arg- und wehrlos. Nur um es erwähnt zu haben. Am problemfreiesten kann man aufhören, wenn sich gerade etwas gravierend im Leben ändert. Das kann der Fall sein, wenn man eine neue Arbeitsstelle in einem Bio-Gesundheitsapostel-Laden antritt, sich eine schöne neue und dauerhafte Krankheit aneignet oder eine frisch verliebte Beziehung mit einem Nichtraucher eingeht. Also kurz gesagt, wenn man etwas im Alltag ändert. Am einfachsten kann man aber Nichtraucher werden, indem man einfach stirbt. Das ist drastisch aber von Dauer.

Da keines auf mich zutraf, nutzte ich, zusammen mit einer Nachbarin, das Aussteigerangebot einer Krankenkasse. Und so fanden wir uns eines schönen Tages in Dresden im Tiefkühlraum eines esoterisch angehauchten graumelierten Frischluftfanatikers wieder. Nach eigenen Angaben seit 30 Jahren ein nichtrauchender Raucher. Kurz vor Beginn standen die anderen Teilnehmer in einer enormen blauen Dunstwolke vor der Tür, um ihre letzten Zigaretten zu verbrauchen, womit sie vermutlich ihr Tageslimit bereits am frühen Morgen erreicht hatten.

Und endlich saß auch ich mal in einem Stuhlkreis. Das habe ich als Mann schon lange vermisst. Jeder Mann vermisst tief innen drin Stuhlkreise. So sind wir Sensibelchen eben. Frauen können dagegen alles so wunderbar über ihre Depressionen, Kopfschmerzen und hysterischen Anfälle rauslassen. Wir Männer sind da anders: "Lass mich in Ruhe, fühl' mich gerade Scheiße." Und dann ist es auch wieder gut. Wir brauchen anscheinend Stuhlkreise, um die dadurch entstandenen inneren Verknotungen zu lösen, so wie ein rauchender Raucher die Zigarette zum Atmen braucht. Seit diesem Kurs bin ich jedenfalls stolz auf viele meiner Vorurteile. Die ersten eineinhalb Stunden verbrachten wir damit, uns gegenseitig zu erzählen, was wir für Weicheier sind. Der Kursleiter eröffnete den Reigen: "Ich begrüße euch alle und freue mich, dass ihr mit dem Rauchen aufhören möchtet. Erzählt uns doch etwas über euch und warum ihr hier seid. Wer möchte anfangen?" Alle gucken unschuldig in die Runde. Dann hebt einer die Hand. "Hallooo erstmal in die Runde. Ich bin der Ernst-Björn, 50 Jahre alt und arbeite in einem Beautyladen als Nagellackierer. Ich habe schon mal fünf Jahre nicht geraucht, weil meine Frau das so wollte. Doch dann ist urplötzlich meine Katze verstorben, der Papagei bekam Durchfall und nach meinem Nervenzusammenbruch verließ mich meine Frau. Sie hatte auch schon länger einen Anderen. Zusammen mit ein paar Feierabendbier, na ja, ihr wisst schon." Bei diesem bedeutungs- und alkoholschwangeren Herzenserguss nicken alle Anwesenden verständnisvoll. "Danke, lieber Ernst-Björn. Es ist schön, dass du dich uns so ehrlich geöffnet hast."

Bei dieser Eröffnung wird mir klar, dass ich hier falsch bin und die Krankenkasse vergessen hat, mir für den Kurs Valium zur Beruhigung und Aspirin für die zu erwartenden Kopfschmerzen mitzugeben. Über eine Stunde später sind alle mit ihrem Psychomüll durch und mein Blutdruck leicht gestiegen. Meine Ohren hängen in abgekauten Fetzen links und rechts am Körper herunter. Der Anti-Raucher-Guru meint, jetzt seien wir endlich alle angekommen und fordert uns auf, gemeinsam zu atmen. Dabei hocken wir auf Bällen oder liegen auf Matratzen. Was denkt sich der Kerl nur, was wir den ganzen Tag tun, nicht atmen? Wenn ich beim Rauchen nicht atmen würde, wäre ich schon lange ein verblichener nichtrauchender Raucher. Also sitzen wir da und atmen. 'Eine völlig neue Erfahrung denke ich und grinse innerlich.' Wir bekommen Tipps: "Wir atmen jetzt alle von oben nach unten und zählen dabei bis drei." Als ob es auch umgekehrt gehen würde, von unten nach oben atmen. Der Kerl kann doch nicht bis drei zählen. Was verkauft der uns hier?

Nach einer Pause, in der es vom Guru gesponserte teure Snickers, Kaffee und Mineralwasser gibt, geht es weiter. Wir erhalten Fragebögen, die wir ausfüllen sollen. Der Nichtraucherkurs nähert sich der späten Mittagsstunde. Danach gehen wir die 50 Fragen durch. Es geht um Gewohnheiten auf der Skala 1 bis 10. Es ist wieder jeder dran. Als Ingenieur hätte ich daraus maximal 10 gemacht.

Jetzt wird es ganz verrückt. Wenn wir zukünftig das Bedürfnis nach einer Zigarette haben, sollen wir uns mit Klopfen gegen den Kopf und die Brust ablenken und stärken. Also zeigen wir uns gegenseitig mehrfach einen Vogel und betonen diesen durch wiederholtes Klopfen gegen die Stirn. Es ist sofort mein Lieblingsentwöhnungsritual. Das könnte ich im Alltag sowieso ständig machen. Jetzt habe ich eine Ausrede. Dann klopfen wir uns noch gegen Mundwinkel. Gott sei Dank sabbert niemand. Und dann klopfen wir zum Abschluss noch gegen die Brust, wo alle Männer auf die Frauen schauen. Danach fragt der Guru jeden einzelnen, zu allen 50 Fragen, ob er oder sie jetzt auf der Skala von 1 bis 10 weniger Bedürfnis nach einer Zigarette hätte und alle bestätigen das. Ein himmlisches Wunder! Ich spiele mit und bin froh, dass er meine Gedanken nicht lesen kann.

Während sich alle an ihrer Skala abarbeiten, geht einer nach dem anderen eine Etage hoch, wo ein Zauberlehrling jedem ein Ohr mit irgendeiner klaren Soße quaddelt. Das soll beim Abbau des Nikotins helfen. Dazu gibt es ein Fläschchen, von dem man dreimal täglich drei Tropfen einnehmen soll. Als ich auf die Inhaltstoffe schaue, lese ich "Erzengel Gabriel". Wir bekommen also himmlische Hilfe in flüssiger Form. Der Erzengel kümmert sich persönlich um mich. Mich durchströmt das wohlig warme Gefühl bereits eintretender göttlicher Entwöhnung.

Als es schon dunkel wird, verlassen wir den Guru. Wir hoffen, dass wir jetzt nichtrauchende Raucher geworden sind.

PS.: Jetzt gendern wir aber doch noch. Kitten wir den Riss zwischen den Geschlechtern.

Muss einfach sein, sonst bleibt die Frau sprachlich so unsichtbar, wie die Diversen. Krempeln wir die Ärmel hoch und ändern wir gemeinsam was daran.

Hier zur Erinnerung nochmal das "Original":

Dann wäre das ein backender Bäcker, der ein nicht-studierender Student und ein rauchender Raucher mit dem Ziel ist, ein nichtbackender Bäcker, studie-render Student und nichtrauchender Raucher zu werden.

Zunächst die schon immer mögliche Doppelnen-nungs- Gendervariante: "Dann wäre das ein backen-der Bäcker oder eine backende Bäckerin, die eine nichtstudierende Studentin oder ein nichtstudieren-der Student und ein rauchender Raucher oder eine nichtrauchende Raucherin mit dem Ziel ist, ein nicht-backender Bäcker oder eine nichtbackende Bäckerin, studierender Student oder eine studierende Studentin und nichtrauchender Raucher oder nichtrauchende Raucherin zu werden."

Kurze Zwischenfrage, ist für Sie die Frau jetzt mehr sichtbar als vorher? Was? NEIN? Die Diversen auch nicht? Okay, vermutlich mein Fehler. Ich versuche besser zu werden.

Hier die Doppel-Dummvariante, wie ich sie nenne:

Dann wäre das einer der backenden Backenden, der zu den nichtstudierenden Studierenden und den rauchenden Rauchenden gehört mit dem Ziel demnächst zu den nichtbackenden Backenden, studierenden Studierenden und nichtrauchenden Rauchenden zu gehören.

Ist jetzt die Frau mehr sichtbar als vorher? Immer noch nicht? Sie sind mir ja ein echter Deutschfanatiker. Da muss ich mich noch mehr anstrengen.

Also probieren wir es mit der X-Variante:

Dann wäre das ein backX BackX, der zu den nichtstudierX StudierX, rauchiX RauchiX gehört, mit dem Ziel nichtbackiX BackiX, studierX StudierX und nichtrauchiX RauchiX zu werden.

So, jetzt muss doch aber die Frau oder irgendein diverser Mitmensch endlich mehr sichtbar geworden sein, verflixt nochmal! NEIN? Sie sind aber auch hartnäckig oder wollen Sie nur nicht?! Ich versuche es Ihnen zuliebe noch ein letztes Mal.

Die *Innen-Variante und wir lesen es zum besseren Verständnis mal genauso vor, wie es da steht:

Dann wäre das eine/ein backende/r Bäcker*In, der/die ein/eine nichtstudierende/r Student*In und ein/er rauchende/r Raucher*In mit dem Ziel ist, ein/er nichtbackende/r Bäcker*In, studierende/r Student*In und ein/er nichtrauchende/r Raucher*In zu werden.

Wieso greifen Sie sich jetzt an den Kopf? Das habe ICH mir doch nicht ausgedacht. Sie meinen, ich soll es vereinfachen?

Versuchen wir's:

Dann wäre das ein backender Bäcker*In, ein nichtstudierender Student*In und ein rauchender Raucher*In mit dem Ziel, ein nichtbackender Bäcker*In, studierender Student*In und ein nichtrauchender Raucher*In zu werden.

Ihnen kann man es aber auch gar nicht recht machen. Sie meinen, es müsste jetzt richtigerweise „eine backende Bäcker*In", „eine nichtstudierende Student*In" usw. heißen? Ja dann klänge doch aber alles weiblich. Sie meinen also, vorher hätte doch alles männlich geklungen. Da muss ich widersprechen. Vorher war es neutral mit weiblicher Hervorhebung.

Ich glaube, aufgrund Ihrer Mimik, ich habe mir die Mühen umsonst gemacht. Sie haben anscheinend keine Ahnung von den Suffixen „er" und „in", was sie bedeuten, wie sie entstanden sind und das in der bisherigen Sprache nur die Frau besonders betont

wurde. Sie wollen ein Beispiel? Hier ist eins und blei-
ben wir, na ja, mal bei einem Bäcker:

Neutral heißt es: Bäcker
Die weibliche Form erhält das Zusatzsuffix „in": Bä-
ckerin
Was in der deutschen Sprache fehlt, ist das männliche
Suffix „er" für die männliche Form: Bäckerer.
Aber vermutlich ist Linguistik für Sie bisher ein Buch
mit sieben Siegeln gewesen und sie nähern sich dem
Thema von der absoluten Null-Linie aus. Ich mache
Ihnen daraus auch keinen Vorwurf, doch Sie interpre-
tieren eine Unsichtbarkeit von Frauen in unsere Spra-
che hinein, welche gar nicht existiert und machen auf
der Basis grammatikalischen Unsinns jetzt den Mann
unsichtbar.
Ich glaube, ich fange wieder mit rauchen an, denn ich
stehe knapp vor dem Nervenzusammenbruch und
dann habe ich auch wieder endlich wieder einen
Stuhlkreis für mich.

Auf die anderen Varianten wie:
"ens Backrndes ens Studierendes, ens Nichtrauchen-
des...."oder "backender und nichtbackender Mit-
mensch" habe verzichtet, das schädigt nach neuesten
Untersuchungen nachhaltig die Sprach- und Denk-
zentren von Gehirnen.

Erwin Strittmatter meinte: "Bei meener "Empfind-
lichkeit off de Wörter tut mir das regelrecht weh."und
der wusste noch nichts von gendern.

* Trawler = Fischereiboot mit seitlichen Schleppnet-
zen, fischend (trawlend) und nichtfischend

** Funkel = Leuchtboje (z.B. Hafeneinfahrt) mit unterschiedlichen Leuchtzeichen

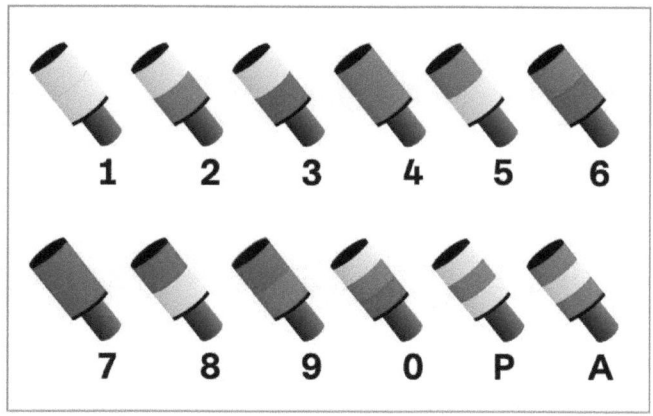

Leuchtsignale (Funkel) der Schifffahrt

Zum Abschluß Ungesundes aber Erfreuliches:

In Deutschland rauchten 1980 ca. 28% der Menschen, 32% der Männer und 25% der Frauen. 2020 sind es insgesamt 23,8% ab 18 Jahren. Männer haben einen Anteil von 27 % und Frauen von 20,8%. 21% rauchen mehr als 20 Zigaretten am Tag.

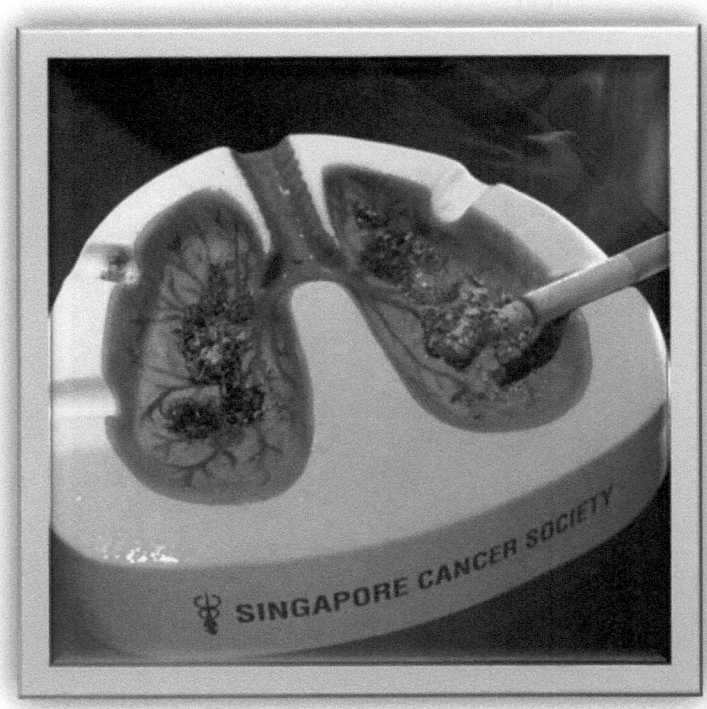

gung einer Bundesratsinitiative, die auf
die Durchsetzung der Gendergerechtig-
keit nicht nur im Berliner Verkehrsschil-
derwesen zielt. So ist geplant, zum Bei-
spiel, dem springenden Hirsch von
Schild 142 (StVO), dem Wildwechsel
gewidmet, sein Geweih zu kappen. Die
Genderbeauftragte der Verkehrsverwal-
tung wies darauf hin, dass „auch Hirsch-
kühe" Rücksicht verdienten. Da kommt

*Lustige Ansage im Flugzeug: "Wir weisen darauf hin, dass dies ein Nichtraucherflug ist. Für die Raucher unter Ihnen öffnen wir gleich unsere Terrassen links und rechts und zeigen dort den Film 'Vom Winde verweht'."*

*Arzt zum Raucher: „Es tut mir sehr leid, aber wir müssen Ihnen das Bein abnehmen." – „Gott sei Dank, ich dachte schon sie wollten mir das Rauchen verbieten."*

**RAUCHEN VERBOTEN!**
Im Brandfall wird das
Rauchverbot aufgehoben

# Kapitel 23
## Am Anfang stand das A

Zwischen A (Alpha) und (Omega), also (A)nfang und (E)nde, liegen 22 Buchstaben. A & Ω sind drei Buchstaben, zwischen denen sich eine Unendlichkeit befinden kann. ∞=22 = 3 Was hiermit bewiesen wäre. Das ist wie bei den Männern, die ein Problem mit ihren Zentimetern haben. Bei ihnen beträgt der Abstand zwischen Anfang und Ende oft 25 Zentimeter. In Wahrheit sind es aber manchmal nur 13cm. 25 = 13, Quod erat demonstrandum! Deswegen ist die 13 zur Unglückszahl geworden.

Ein Leben, welches nach neun Monaten mit einem Klaps auf den Po mit einem ersten aufschrei seinen Anfang findet, kann 40 Jahre später mit einem letzten Aufschrei sein vorzeitiges Ende finden. Ursache: Genuss der Spezialpilzsuppe des Partners. Tod – wieder drei Buchstaben. Kann, muss aber nicht. Es liegt an jedem selbst. Anfang und Ende. Dazwischen liegen das Leben und drei Buchstaben.
Das Leben, die vielseitigste Buchstabensuppe der Welt, für die es kein Rezept gibt. (G)eburt, (L)eben, (S)terben -Drei Buchstaben, die man nicht erlernen, aber ausgestalten kann.
Im Leben erinnert sich niemand mehr an den Anfang und nach dem Ende erinnern sich nur noch wenige der Zurückgebliebenen und dann auch nur für kurze Zeit an das Dazwischen. Gilt nicht für Platon oder Aristoteles.
Das Dazwischen kann für Dritte von Interesse sein. Für den Lebenden sind es das Jetzt, das Hier, das Heute und das Sein.

Sicher ist, wenn neues Leben seinen Anfang findet, finden das Sein des Vorhandenen und das Verge-

hende ihre Fortsetzung. Es ist ein Kreislauf

der auch Ecken und Kanten haben kann, mit immer neuen Darstellern.

Damit wäre als Beweis erbracht:

Und 13 Zentimeter sind 13 Zentimeter, basta! Buchstabensuppe ist für alle da und die Pilzsuppe kann man vermeiden, wenn man den Zeitraum zwischen Anfang und Ende auch für den Partner und das Umfeld bestmöglich gestaltet.

Fazit:
Kocht zu zweit eure Buchstabensuppe, gemeinsam. Zu dritt, zu viert, zu fünft schmeckt sie dann noch besser.
Und wenn die Jüngeren die Älteren nicht vergessen, wird für alle der Zeitraum zwischen Anfang und Ende wunderschön.

Glückliche Menschen leben länger und nur das SEIN zählt, nicht das HABEN.

Lesetipp:

„Haben oder Sein" ist ein populäres gesellschaftskritisches Werk des Sozialpsychologen Erich Fromm welches im Jahr 1976 veröffentlicht wurde.
Es geht um Selbstentfaltung statt Raffgier. Das Streben nach Besitz und Profit ist die Religion unserer westlichen Gesellschaft, und sie macht die Menschen

krank und aggressiv. Wir müssen wieder zum Sein finden, denn hier ist Lebendigkeit und Vernunft, und nur so kann die Menschheit überleben.

Der deutsche Jude Erich Fromm, emigrierte 1933. Er war der einflussreichste Psychoanalytiker Amerikas und brachte damals bereits das bedingungslose Grundeinkommen ins Spiel. Dies wird heute in Deutschland heftig diskutiert und örtlich bereits modellhaft getestet. Aber vermutlich wird es das Bürgergeld werden.

# Kapitel 24
## Gewinner im Morgenstress

> **Verlierer**
> hören auf, wenn sie scheitern.
>
> **Gewinner**
> scheitern, bis sie Erfolg haben.
>
> Quelle: visualstatements.com

Juhu! Ich habe schon wieder gewonnen! Ich bin ein echter Glückspilz (oder eben das Gegenteil davon). Ich bin mir da noch nicht ganz sicher. Doch immer der Reihe nach.

Ich öffne jeden Morgen nach dem Aufstehen mein Emailfach und entnehme meine Post. Die Bearbeitung derselben nimmt inzwischen einen Umfang an, der größer ist als Kuscheln, Aufenthalt an frischer Luft und die versteckte Schokolade der Kinder finden zusammengenommen. Ich wünschte mir, ich hätte Hauselfen, die für mich die Mails übernehmen und

den Müll rausbringen, und den Geschirrspüler aus-
räumen, und wischen, und fegen, und Fenster putzen,
und den ganzen Rest auch gleich mit.
Umso schöner ist es, wenn ich nach der morgendli-
chen Dusche als erstes lese: "Gratuliere! Du hast ge-
wonnen!" Wer kann auf dieser Welt von sich behaup-
ten, gewonnen zu haben, ohne je gespielt zu haben?
Da ich die finanzielle Not meines Bruders kenne, leite
ich meinen Gewinn großzügig an ihn weiter. Wenn er
mein Geld dann auf seinem Konto hat, schreibe ich
ihm, soll er mich und meine Familie mal zum Essen
einladen. Dann seien wir quitt und danken könne er
mir später.
Die zweite Mail teilt mir mit, dass ich meinen Kredit
erhalten habe. Klasse! Echt dufte! Das nimmt mir jetzt
echt die Zukunftsangst. Ich kann mich noch gut an das
Theater erinnern, als ich meinen Hauskredit bean-
tragte. Und jetzt wirft man mir - aus dem Nichts kom-
mend - das Geld hinterher. Ein Jahr Kurzarbeit ist an-
scheinend eine Form von Kontinuität, die nicht jeder
Banker zu würdigen weiß. Da ich aber gerade kein
Geld brauche, leite ich auch diese Mail weiter und
zwar gleich zweimal. Eine Kopie geht an meinen Ban-
ker, mit dem Hinweis, so hätte es auch gehen können
und er solle mal in einer Büroecke, mit dem Gesicht
zur Wand, darüber nachdenken. Die zweite Mail schi-
cke ich an meinen Gartennachbarn, der sich mit Haus-
bauplänen trägt. Der braucht bestimmt Geld. Ich bin
in Hochstimmung. Rette ich doch am frühen Morgen
bereits die Welt und die Welt rettet mich. Doch die
dritte erst...

Die dritte Mail rettet mir den noch nicht angefange-
nen Tag. „Chic Me" teilt mir mit "Wir haben für Sie
ihre ideale Kleidung gefunden." Ich nehme einen
Schluck heißen Kaffee aus meinem Becher und

schaue mir interessiert an, was der Lieferant für mich gefunden hat. Einen geblümelten Rock, knielang zum Sonderpreis. Nun ich bin ein Mann und leider kein Schotte. Aber in Zeiten hunderter Geschlechter weiß man ja nie, als was man eines Tages von einem wildgewordenen Professor identifiziert wird. "Sehr weit vorausschauend dieses Chic Me.", denke ich anerkennend, "sehr, sehr weit vorausschauend." Ich überlasse also dieses Supersonderangebot meiner zukünftigen Reinkarnation, die vielleicht weiblich sein wird, drücke auf "gefällt mir" und reserviere dieses unwiderstehliche Angebot für sie.

„Filamoda", ein anderer Klammottenladen aus dem Netzt legt mir nahe, ich solle mich in ihren Verkaufsschlager verlieben. Ich liebe Schlagermusik. Suche also nach dem Schlager, werde aber nicht fündig. Nobody ist eben perfect. Stattdessen bietet man mir ein Haufen überteuerten Krempel an, den man dann wieder reduziert. Sozusagen ein Verteuerungsnachlass, um Morgenmuffel über den Tisch zu ziehen. Ich schaue mir noch ein paar Socken an und kann entscheiden, ob sie von China oder den USA geliefert werden. Ich möchte weder/noch. Dazu ist mir mein Planet zu schade. Also schließe ich die Maske mit dem schlagerlosen Transportunternehmen.
Ohne dass ich es will, ploppt ein weiterer Sockenanbieter auf. Ich bin begeistert, wie schnell man auf mich reagiert. Sofortkomme ich mir wie ein bedeutender VIP vor, eine very importende also bedeutende Persönlichkeit, und das bereits früh fünf Uhr. In der Beschreibung der schwarzen knöchelhohen Socken steht: halblang, kurz, Frauen, Männer, Sommer Strand, Herbst, Barbecue, variabel, Naht, offen, geschlossen, schulterfrei.

Schulterfrei! Bei Socken! Als ob es auch Socken bis über die Schulter gäbe. Und was sind bitteschön geschlossene Socken? Bevor sich meine -gehirnwindungen zum gordischen Knoten vereinen, höre ich auf, mir den Quatsch durchzulesen und widme mich mit einem Schluck Kaffee lieber dem Rest meiner Post. Schweigend klicke ich solange irgendwelches Zeug weg, bis mein Papierkorb voll ist. Sie wissen schon den Abfallbehälter ohne Papier und ohne Korb. Brauche ich nicht, kenne ich nicht, will ich nicht.... der Mistkübel wird gefüllt, bis mir die Finger weh tun. Zwischendurch will mich ein Flittchen aus der Nachbarschaft zu einem Techtelmechtel überreden. Habe ich noch nie hier gesehen. Scheint nicht viel vor die Tür zu gehen. Gleich danach wird mir für meine kleine Wohnung in der zweiten Etage unseres Fünfgeschossers, ein Spitzenmodell von Solarplatten angeboten. Unter dem Badfenster oder wie? Zur Strafe für die digitale Schüttung dieses Unsinns, vereinbare ich einen Termin mit dem Vertreter. Und dann mache ich mir den Spaß und bestelle vorbeugend gleich noch ein paar Vertreter anderer Firmen hinzu. Die kommen dann alle zur gleichen Zeit, aber zu der Einraumwohnung über mir - in der dritten Etage. Jetzt fehlt mir nur noch ein Angebot für eine 120 Meter hohe Windkraftanlage für meinen Balkon.
Dabei fällt mir eine Liebesannonce weiter unten auf. "Hallo Schatzilein, fehlt dir Sex?", fragt mich eine halbnackte Dame, deren Brüste genauso viel wiegen, wie ihr enorm ausladender Hintern. Ich kann es nicht ändern, aber ich habe das Bild eines zerquetschten Regenwurms im Kopf und drücke schnell auf Löschen. Ein großer Fehler, wie sich herausstellte.
Danach beginnt mein Rechner wie wild zu flackern und laute Alarmtöne von sich zu geben. Wusste gar nicht, dass der solche Panikmache drauf hat. Das

halbnackte Doppeldickchen ist im Hintergrund eingefroren. Anscheinend hat sich ein Virus eingeschlichen. Draußen geht jetzt die Sonne auf.
Erste Strahlen tasten sich schüchtern an der Decke entlang und klettern durch die Gardine bis sie auf dem Boden morgendlich tanzende Staubfussel auffangen. Dennoch steht innerhalb von drei Minuten meine ganze Familie hinter mir.
Mein Sohn meint: "Und uns sagst du immer, wir sollen keine Pornoseiten anschauen."
Meine Frau schaut mich nur schweigend an und sagt dann leise: "Bin ich dir nicht mehr genug?"
Und die Kleinste lacht und ruft: "Guck mal Mama, der Papa schaut sich Nackte an."
Jetzt komme ich mir gar nicht mehr wie ein Gewinner sondern mehr wie der zerquetschte Regenwurm vor.
Reden und erklären macht irgendwie keinen Sinn.
Meine Frau meint dann nach einem langen vernichtenden Blick nur noch: "Sieh zu, dass du das wieder hinbekommst. In zwei Stunden brauche ich den Rechner." und verschwindet wieder im Bett.

Ich fahre also erstmal den Rechner herunter und dann wieder hoch, lasse dann ein Virenprogramm durchlaufen und bete: "Lieber Gott, lass mich das Problem so einfach lösen."

Früher war das mit dem Kaffee und der Post irgendwie einfacher.
Ich bin jetzt jedenfalls für Brieftauben. Die kacken zwar aufs Fensterbrett, schleppen mir aber keine schulterfreien Socken und virenverseuchte Überbusen ins Haus.

Ich trinke auf den Schreck noch eine Tasse starken Kaffee, damit ich wieder ruhiger werde. Mein Arbeitstag kann jetzt beginnen. Und früher war doch alles besser.

Wissenswertes:
Konrad Zuse entwickelte den ersten Computer der Welt, den Z3, der als Nachbau im Deutschen Museum in München zu finden ist. Er stellte ihn am 12.Mai 1941 in seiner kleinen Werkstatt in Berlin vor.

ENIAC, so hieß der erste tatsächlich verwendbare Computer oder ausgesprochen "Electronic Numerical Integrator and Computer". Er wurde 1943 im Auftrag der US-Armee entwickelt. Seine Entwicklung kostete 500.000 Dollar was damals eine enorme Summe war und das war eine wirklich wirklich große große Maschine.

# Kapitel 25
## Die Weinverkostung

Wein ist nicht nur irgendein Alkohol, sondern ein edles Getränk. Es ist Wissenschaft und Leidenschaft zugleich, eine Kombination aus Finesse, Natur und Verbundenheit mit Mutter Erde. Im heutigen Frankreich gab es Weinherstellung um 400 vor Christus. Nur im heutigen Schweizer Kanton Wallis war man zeitiger draufgekommen und berauschte sich daran bereits zwischen 800 und 600 vor Christus. Es ist das Getränk der alten Götter. Der griechische Gott Dyonisos und sein römischer Kumpel Bacchus mit seinen Bacchantinnen sorgten für manch schwankenden unsicheren Heimweg, wobei den Römerinnen der Weingenuss mit wenigen Ausnahmen bei Todesstrafe untersagt war. Kaum jemand weiß, dass laut Bibel Noah der erste Mensch war, der Wein anbaute. Hätte der alte Suffkopp das nicht getan, hätten viele hundert Jahre nach ihm die Jünger Christi zu Pfingsten bei dem Abendmahl auf dem Trockenen gesessen. Fassen wir zusammen: Noah legte unfreiwillig die Ursache dafür, dass Jesus und seine Apostel die Droge Alkohol zu sich nahmen und wir heute Weinsteuer bezahlen dürfen. Ohne Wein keine Steuer, ist doch klar. Inzwischen sind über 60 Rebsorten bekannt, die je nach Lage, Sonne, Bodenart und den Tricks und Kniffen der Weinanbauer unendlich viele Sorten Wein ergeben.
Und so strömen Massen von Weinliebhabern zu Verkostungen, Philosophen beflügelt der Wein und Ärzte behandeln die Opfer bei übermäßigem Genuss.
Goethe meinte "Ohne Wein und ohne Weiber, hol der Teufel unsre Leiber". In einer hellen Stunde ergänzte er „Das Trinken lernt der Mensch zuerst, viel später

138

erst das Essen, drum soll er auch aus Dankbarkeit das Trinken nicht vergessen." Friedrich Schiller hatte deswegen Probleme mit seiner Frau, weil der Wein in seiner Haushaltsplanung eine kritische Dimension angenommen hatte. Dabei soff er nicht zu viel Galonen, er behandelte sich medizinisch, was seine olle Pute anscheinend nie so richtig begriffen hat. So heißt es etwa in den „Medizinischen Neuigkeiten für praktische Ärzte" aus dem Jahre 1875:

„Es erklärt sich daraus die erfahrungsgemäss erkannte Thatsache, dass in Krankheiten mit Kräfteverfall durch die fortdauernde Darreichung von Wein, wenn sonst alles andere zurückgewiesen wird, dem Organismus eine gewisse Widerstandsfähigkeit erhalten bleibt."

Ein Scherzbold, also ich, brachte es auf den Punkt „So liegste denn im Sterbebett, sauf Wein, dann sterbste net."

Doch wer denkt, dass es Wein nur für Menschen gibt, der irrt. Das japanische Unternehmen „B&H Lifes" brachte einen alkoholfreien Wein nur für Katzen auf den Markt. „Nyan Nyan Nouveau" nennt sich dieser Tropfen, der hauptsächlich aus Vitaminen, Traubensaft, Wasser und Katzenminze besteht. Die 180 Milliliter Flasche kostet rund 399 (circa 3,80 Euro) Yen. Theoretisch könnten sich die Samtpfoten-Besitzer mit ihren befellten Mitbewohneren jeden Abend eine Flasche Rotwein reinziehen. Da singt es sich gemeinsam bei Vollmond besser. Wie Tests des Herstellers jedoch zeigten, konnte sich aus einer Gruppe von zehn Katzen lediglich eine für „Nyan Nyan Nouveau" erwärmen. Katzen würden eben Mäuse kaufen.

Der größte Weinkeller der Welt steht mit 1,2 Millionen Weinflaschen im moldawischen Cricowa. Er besitzt 53 unterirdische Hektar und ein sagenhaftes 120 Kilometer langes Stollensystem. Dort hatte selbst Nikita Chrustschow Probleme, nach der Verkostung wieder herauszufinden. Das weltgrößte Weinfass, steht im deutschen Dürkheimer und kann über die 1,2 Millionen Weinflaschen aus Cricowa nur müde lächeln. Für die 1,7 Millionen Liter Fassungsvermögen mussten 1934 ganze 200 Tannen von 40 Meter Höhe ihr Leben lassen. Liebe weinselige Leser, die Enttäuschung greift selbst bei mir als Schreiber um sich. Da baut man schon so ein riesengroßes Fass und dann ist dort außer Stühlen und Bänken nichts drin. Scherz beiseite, ist doch klar, dass dort kein Wein reift. Die Gäste dieses Weinfasses können im Fass selbst den guten Tropfen des Weingutes Winning genießen nur im Glas genießen oder in der Flasche mit nach Hause nehmen.

Womit wir jetzt schon zum zweiten Mal bei einer Weinverkostung angekommen wären. Und da aller guten Dinge drei sind, machen wir das Trio voll. Für einen kleinen Moment versetzen wir uns in geistig mentaler Vorbereitung nach Ostdeutschland, in die Zeit der damaligen DDR so um 1980. Die DDR war nun wirklich nicht für edle Tropfen berühmt, obwohl es die Saale-Unstrut Weine oder die als Diabetikerweine zu Unrecht verlachten trockenen Meißner Weine an der Elbe gab und gibt. Die nördliche Weinstraße endet übrigens in Sachsen kurz vor der sächsischen Schweiz in einem Restaurant auf dem Marktplatz von Pirna.

Von guten Tropfen konnten die Insassen des sozialistischen Freiluftgeheges damals nur träumen. „Mädchentraube", "Grauer Mönch", „Bärenblut" oder

„Liebfrauenmilch" stand auf den Billigflaschen, die man sich mit Ringen auf Volksfesten erwerfen konnte. Vermutlich waren diese Weine eher schädlich. Bei diesen DDR Weinen aus Osteuropa wurde jedenfalls der beste Essig im Regal neidisch. Eine klassische sozialistische Errungenschaft eben.

Der Deibel mag wissen, wo der gute Wein geblieben war. Die Rinder hatten in der DDR ja auch merkwürdigerweise keine Zungen. Beide, Wein und Rinderzungen, waren vermutlich zwischendeutsche Devisenopfer geworden. Aus Mangel an Alternativen bevorzugten die Menschen in der DDR zwangsweise „Cotnari", „Muskat Otonel" oder „Murfatlar", alles liebliche, teilweise Dessertweine. Auf dem Tanzboden nannten die Männer sie „Büchsenöffner"; Büchse im Sinne von Kirsche oder Schnecke. Ihr wisst schon, wer da gemeint ist. Der einzige wirklich gute Rotwein war der „Pinot Noir" und dieser war, wen wunderts, Mangelware.

Dadurch wurde die DDR zum Bier- und Schnapsland, wobei gute Marken auch in diesem Sektor als zweite Handelswährung galten. Es war immer gut, etwas gutes Bier wie Radeberger oder Wernesgrüner in Petto zu haben, wenn man einen Werkstatttermin brauchte. Ich tauschte mal eine Ungarische Salami gegen Rinderzunge, die Rinderzunge gegen einen Kasten Wernesgrüner, den Kasten Wernesgrüner gegen Radeberger. Und dafür bekam ich einen Termin in der Trabant-Werkstatt.

Und in dieser Situation platzte die sogenannte Wende, ein Begriff, welcher übrigens besser passt als friedliche Revolution. Eine friedliche Revolution ist genau genommen genauso wahrscheinlich, wie die

Quadratur des Kreises. Ein paar Revoluzzer aus Weimar (womit der Kreis zu Goethe und Schiller geschlossen wäre) wurden nach Trier zum Kennenlernen der Demokratie eingeladen. Und was hat Trier neben dem West-Tor, dem Amphitheater und den jüdischen Bädern zu bieten? Genau, den ältesten Weinkeller Deutschlands, die Vereinigten Hospizien Trier. Er befindet sich im Untergeschoss des Barockbaus des Altenwohn- und Pflegeheims Stift St. Irminen unter dem Römersaal. Erbaut 330 nach Christus unter Kaiser Konstantin erbaut ist es unter Kulturschutt erhalten geblieben. War der Keller zu römischen Zeiten noch eine ebenerdige Lagerhalle (Horreo), so ächzte vermutlich bereits Napoleon bei seinem Besuch, denn jetzt lag er tief in der Erde. Eines der wunder besteht darin, dass er beim Hinausgehen tiefer ist, als beim Reingehen. Eine Tatsache, welche zwar physikalisch nicht beweisbar ist, welche aber – und da sind wir schon mitten in unserer Geschichte - unsere Revoluzzer in geschlossener Formation bestätigen könnten, wenn wir sie denn noch fragen könnten.

Nachdem die Grenzen zwischen den beiden deutschen Ländern gefallen waren, fuhr im Sommer 1990 ein feuchtfröhlicher Reisebus nach Trier in die katholische Akademie. Ich saß mitten drin und hatte einen seelischen Zustand, wie man ihn sich kaum ausmalen kann. Waren doch die Loreley, die Mosel und ihre Geschichte bisher verbotenes Terrain und nur ein Traum aus einer fernen Welt.

Nach all der langen Vorgeschichte kann man erahnen, wie eine Weinverkostung von begeisterten Weinliebhabern mit ostgermanischen Biertrinkern enden musste.

Tief unten im Keller standen Kerzen auf großen Fässern. Die Tische waren festlich gedeckt und überall standen Körbe mit frischem Weißbrot. Die kühlen

Natursteingewölbe boten das perfekte Ambiente für eine gehobene Weinprobe und Einführung in die Weingüter. Es wurden ausgezeichnete Weine präsentiert und man spürte die Leidenschaft der Weinbauer. Ost und West waren bei den Weinen vereint. Als krönender Abschluss wurde sogar ein ganz besonderer und auch für die meisten Westgermanen unerschwinglicher Eiswein gereicht.

Doch gibt es auch eine Sichtweise, welche den Gastgebern vermutlich entging und daher setzen wir uns einfach zwischen die östlichen Gäste spitzen die Ohren:

Wozu haben die kleine Eimer auf den Tischen, hier entsteht doch gar kein Abfall?

Isst man hier Weißbrot ohne was drauf oder kommt da noch was?

Oh Gott, die machen ja nur Pfützen in die Gläser! Das hätten die Russen mit ihrem Vodka nie gemacht.

Ob wir hier überhaupt genug zu trinken bekommen? Dauert ja ganz schön lang, bis das nächste Glas kommt.

Warum spucken die Gastgeber den Wein in die Eimer? Schmeckt denen wohl nicht? Also ich trinke den Wein aus, ich finde ihn klasse und so viel ist es ja nun auch wieder nicht.

Klasse, was man so alles über Wein erzählen kann. Ich freue misch auf den näschten.

Der dräht aber janz schön. Hoffentlisch gomme isch den Bersch wieder hoch.

Alllso, der letschte Eiswein war nu würschlisch glasse. Wosn, is de Supp scho alle?

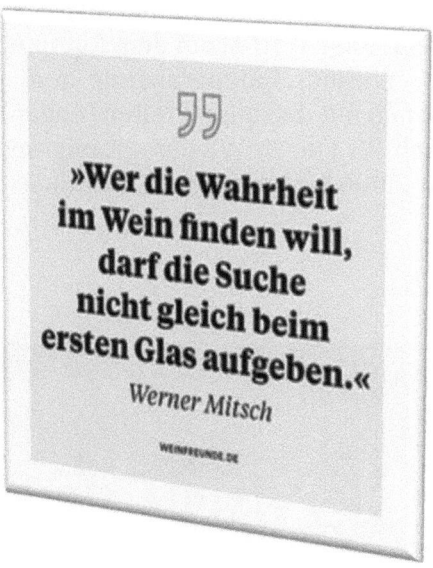

»Wer die Wahrheit
im Wein finden will,
darf die Suche
nicht gleich beim
ersten Glas aufgeben.«

Werner Mitsch

Der Rückweg stellte eine echte sozialistische Heraus-
forderung dar. Mit Sicherheit hatte der "Klassen-
feind" während der Verköstigung die Stufenanzahl
verdoppelt; wie damals bei Bonaparte. Mit letzter
Kraft herausgekrochen, prasselte dann die abendli-
che Restwärme des Sommers erbarmungslos auf die
weich gesoffenen Gehirne der neuen Weingourmets
nieder und zwang sie endgültig in die Knie. Obwohl,
einige schafften es trotzdem noch bis in die Nacht
hinein, Weinlokale mit ihrer Anwesenheit zu verzau-
bern und mit dem Wörtchen „Nu" manch eine Verwir-
rung zu stiften.
Meine bisherige Vorliebe für Bier brachte diese Wein-
verkostung jedenfalls sehr ins Wanken.
Heute schlürfen, gurgeln, zischen und spucken wir
auch mit Wein, besonders dann, wenn Niveau gefragt
ist. Gelernt ist eben gelernt.

Bei Wein denken wir heute jedenfalls nicht mehr an Essig und Ringe werfen auf dem Rummel, sondern an Genuss, warme Sommerabende und das heilige Abendmahl mit den angetütelten Jünger Jesu. Wir haben nach 25 Jahren Wiedervereinigung das Niveau von vor 2.000 Jahren erreicht, zumindest beim Wein.

„Novinophobie"
- Die Angst,
dass der Wein
ausgeht...

# Kapitel 26
## Alt werden will jeder
## Alt sein aber niemand

Ich möchte selbstverständlich auch alt werden (und nicht sein). Vermutlich bin ich der Erste, der nicht stirbt. Daher beschäftige ich mich auch nicht mit dem Tod, na ja höchstens mit dem der Anderen. Ich denke, dass bei denen sicher ist, dass sie sterben. Daher tragen sie nach und nach alle Zeichen des Verfalls mit sich herum und Alter ist nun mal der natürliche Feind der Jugend und der besten Jahre.
Agäismus ist übrigens der Fachbegriff für Altersfeindlichkeit. Altersfeindlichkeit bietet keinerlei Lösung für das „Problem" und seien wir ehrlich, unsere Gesellschaft wird zunehmend agäistischer. Es werden keine Sitzplätze mehr im Bus angeboten, dafür aber Heimplätze in auf „Nimmerwiedersehen-Verschwindibus-Unterbringungsbunkern". Wer über 40 ist wandert langsam zum alten Eisen und wer mit über 50 keinen Bock mehr hat, seinen komplizierten Fernseher zu programmieren, ihn also einfach nur einschalten will, steht im Verdacht geistig nachzulassen. Ab 60 ist man dann bereits von gestern und zu dumm Jüngeren etwas beizubringen. Gründe für Agäismus können vielseitig sein. Da in unserer Gesellschaft das Alter beiseitegeschoben wird, besteht die Vorbereitung auf die alterslose Zukunft in materiellen Dingen. Je älter man wird, umso mehr verliert das aber an Bedeutung. Man kommt vom Haben ins Sein und steht der Jugend diametral gegenüber. Alte Menschen kann man weniger beeinflussen und die machen nicht jeden Unsinn mit, Lebenserfahrung nennt

man das. Diese spielt aber komischerweise anscheinend keine Rolle mehr in der digitalisierten Z-, Handy- und Playstationgeneration. Irgendwie denken alle, dass man je mehr man erlebt, umso weniger weiß. Was für ein Dummsinn, der die Jüngeren nur in der Seele ärmer macht. Aber genau deswegen habe ich mir vorgenommen, einer der bösen gemeinen Alten zu werden. Das ist seit Jahren zu Silvester mein guter Vorsatz. Bei unzureichender Rente verübe ich einen Banküberfall und genieße dann die Rundumversorgung im Knast, welche letztlich die Bestohlenen dann auch noch finanzieren müssen.

Den Sitzplatz in der S-Bahn erprügele ich mir mit meinem Gehstock.

Wenn Kinder im Innenhof spielen und lärmen, kippe ich Blumenwasser über sie aus.

Wenn mich einer kritisiert, stelle ich mich entweder dumm oder schalte die Hörgeräte ab.

Und den besten Komfort wird mir mein bissiger Blindenhund erknurren. Muss ja niemand wissen, dass ich durch meine Linsen volle Sehfähigkeit habe.

Wenn mich jemand nicht ernst nimmt, nehme ich mein Gebiss raus und beiße ihn beim Vorbeigehen in den Hintern.

Also ich freue mich aufs Alter, weil ich dann jedem frech meine Meinung sagen kann und mir die Konsequenzen egal sind. Ich bin dann ein typischer 68-iger und älter.


Bis dahin dauert es aber noch ein bisschen und Geduld ist, sich die Dornen anzuschauen und dabei die Rosen vorzustellen.

# Kapitel 27
## Was es über Handtücher zu wissen gibt

Wie ist ihre Einstellung zu Handtüchern? Eher unpersönlich? Sind eben da, weil man sie braucht? Trocknen in manchen Jahreszeiten zu langsam? Ein Teil von vielen im Regal? Passen meist nicht zu den Farben des Bades? In der Familie kann sich nie jemand merken, welches für oben und welches für untenrum ist und wer welches Tuch benutzt? Nun, da haben Sie Recht, aber man kann es auch anders sehen, zum Beispiel als nützlichen treuen Freund und jahrelangen Begleiter. Es ist in guten, wie in schlechten Zeiten da, widerspricht nicht, trocknet Tränen und feuchte Zustände, duftet nach der Wäsche gut, ist kuschelig und hat nur einmalige Anschaffungskosten. Das hat Ähnlichkeit mit einer guten Ehe. Deswegen gehörten Handtücher bis vor ein paar Jahrzehnten zur Aussteuer. Handtuch gut - Ehe gut. Heute gehören Handtücher jedenfalls nicht mehr zur Aussteuer und schon gehen viele Ehen kaputt: sollte man mal untersuchen. Wie sagte Heinz Ehrhardt zum Thema Handtuch: 'Früher war alles gut. Heute ist alles besser. Es wäre besser, wenn alles wieder gut wäre.'
Ich würde deswegen nur die heiraten lassen, die mindestens ein größeres Handtuch vorweisen können, dass sie schon länger besitzen.
Man braucht Handtücher um gute Zeiten schaffen zu können, wenn man beispielsweise im Urlaub am Pool die Liege für den Schatz reserviert. Man braucht es im Alltag, wenn das Baby über sieben Beete hinweg auf die Fliesen pullert oder das Kind in den Bach oder Brunnen gefallen ist. Bei nassen Haaren schützt es vor Erkältung und in schlechten Zeiten wie bei Corona, rettet es Leben. Sie wollen wissen, wie das

möglich ist? Na ja, man kann sich mit Handtüchern auch in der Intensivstation einen Platz reservieren. Einfach reingehen und hinlegen. Wer weiß denn schon, ob man die Liege nicht zeitnah braucht. Das verbindet dann Urlaubsgefühle mit selbstbestimmtem Überlebenstraining. Allerdings ist das nicht Irrtumsfrei. So stellte sich beispielsweise bei Corona später heraus, dass es eigentlich genug Betten gegeben hätte, man das Handtuch hätte also auch anders verwenden können. Die Realität ist in der Wirklichkeit eben oft eine Illusion.

Personal von Intensivstationen ist übrigens gegenüber Reservierungen mit Handtüchern negativer als die restliche Gesellschaft eingestellt, abgesehen von Bestattern. Die mögen erst recht keine Handtücher auf Friedhöfen. Hochzeiten und Scheidungen reserviert jedenfalls noch niemand mit Handtüchern. Wer sich nach dem Scheidungskrieg erfolgreich auf der Intensivstation ein Bett reserviert hat und Platz nimmt, erhält nicht nur umsonst zu essen, sondern kann das Handtuch nutzen, um eine Etage tiefer sich schon mal eine Liege in der Palliativstation zu sichern. Man weiß ja nie, ob die gehörnte Ehefrau einfach so aufgibt. Damit werden Handtücher zu dankbaren Lebens- und Sterbebegleitern.

Da die Deutschen gewohnt sind, sich Liegen zu reservieren, kamen sie auch viel besser durch die Pandemie als andere Nationen. Die Masken machten das Szenario erst perfekt. Durch sie konnte nämlich niemand erkennen, wer da die Liege mit seinem Stofffetzen blockiert hatte. Damit war sogar der Datenschutz gewährleistet.

Durch die künstliche Verknappung der Intensivbetten gingen auch die Handtuchreservierungen zurück und die Palliativstationen wurden spürbar entlastet. Danach wuschen in moralischer Desinfizierung alle

ihre Hände in Unschuld; ist am Hotelpool aber genauso.
Ich stelle sowieso immer wieder fest, dass die mit allen Wassern gewaschenen oft nicht ganz sauber sind. Schmutz streift man am Handtuch ab und nicht an der weißen Weste.
Aber hier noch ein Tipp zum Abschluss: Das Handtuch muss nicht immer mit „Perwoll" kuschelweich gewaschen sein. Es liegt in der Natur eines jeden Handtuchs, dass man über das Waschmittel die benutzerdefinierte Härte oder Weiche (sagt man das so?) einstellt. Handtücher sind nicht nur zum kuscheln da, sondern können zusammengedreht und falsch gewaschen, zum ehelichen Sieg verhelfen. Also: ob am Pool, im Bad oder in der Palliativstation, Sie entscheiden, wie das Handtuch eingesetzt wird. Sie bestimmen selbst über ihren Erfolg oder Misserfolg, über erfolgreiche Gewalt in der Ehe oder ob Sie sich als Rentner am Krankenbett gegenüber Pfleger und Schwester durchsetzen können. Drum prüfe wer des öftren' Handtücher windet, ob sich ne bessre Liege oder ein anderer Zweck findet.
Aus meiner Jugend kenne ich noch den Witz:
Wenn der Partner im Laufe der Zeit nicht mehr so attraktiv aussieht, braucht man nur einen Kasten Bier und ein Handtuch zum Abdecken. Dann klappt's auch wieder mit den feuchten Träumen.
PS.:
Jetzt höre ich schon im Geiste wie manch Einer wegen des niedrigen Niveaus stöhnend die Augen verdreht und die Christen unter mit einem Bibelzitat auflauern:
"Und Gott sprach, du redest, wie die törichten Frauen reden."
Das weiße ich zurück. Das ist Diskriminierung. Männer reden nie so töricht wie Frauen.

# Kapitel 28

## „Bau nie am Matterhorn ein Zelt ganz vorn"
## Das Vater-Sohn Survivalcamp

Survival camp (engl.) = Überlebenslager

Es gibt viele Varianten von Camps, in denen nur das Überleben zählt. Darunter zählen die gruseligen, wie das Survival in refugee camp oder das Model-survival-camp. Dann gibt es die unnötigen Luxuscamps übersättigter Gesellschaften wie das Touriscm survival camp oder das Jungle-survival-camp. Das australische Dschungelcamp kennt jeder, oder? Gesehen hat es natürlich niemand. Zuletzt gibt es dann noch die Abenteuercamps wie das Survival-training-camp und das father-son-survivalcamp. Vater und Sohn gehen in ein Lager, mit dem Ziel dieses zu überleben.

Wer denkt sich so etwas nur aus und vor allem, wer geht dahin?

Teil 1
Er hatte die Idee. Sie hatte sofort gebucht. Was sie sich davon versprach, kann man nur vermuten. "Volker, du willst dahin. Also kümmerst du dich um eure Sachen!" Da er nur am Wochenende Zuhause war, machte er sich Sorgen, ob die Ausrüstung noch intakt und komplett sei und ob man nicht doch noch etwas kaufen müsste. Sie zuckte mit den Schultern und meinte: "Mit deinem Getue, machst du nur alle verrückt." Und Gregory, sein Sohn, ergänzte: "Hey, bleib

locker. So eine weite Strecke müssen wir mit dem Ge-
päck bestimmt nicht laufen. Und wir haben doch al-
les." Geprüft hatte er es jedenfalls nicht. Und sie
sprühte Unmengen Imprägnierspray über dem Mi-
nizelt aus. Sie hatten sich gegen das große 6-Perso-
nen-Zelt entschieden, weil sie eventuell einen langen
steilen Weg nach oben bewältigen mussten. Das ging
aus den Unterlagen nicht eindeutig hervor. Und dann
grinste noch die Nachbarin, welche die Schlafsäcke
und Matten geborgt hatte, geheimnisvoll und meinte:
"Na, da bin ich ja gespannt, ob dein Sohn mit dir klar-
kommt.", und dann war sie still, ohne es zu erklären.
Da er mit seinem Sohn gut klarkam, grübelte er ab
jetzt rund um die Uhr, ob ihm etwas entgangen sein
könnte. Und so schlief er schon schlecht, bevor sie
überhaupt losgefahren waren. Erst später wurde ihm
klar, dass er schon seit Tagen an irgendeiner Infek-
tion litt. Jedenfalls hatte er vor, diese Abwechslung zu
nutzen und mit dem Rauchen aufzuhören.
Und jetzt waren sie eben da; Sohn und Vater; mitten
auf einem einsamen Berg, nach 5 Stunden Autofahrt;
in glühender Hitze; vor einem verschlossenen Hotel,
im Schatten des Wohnhauses eines mürrischen Bau-
ern stehend, bepackt mit großen Rucksäcken; miss-
trauisch die steil in endlosen Schlängellinien bergauf
führende schmale Straße betrachtend. Es sah nun
ernsthaft danach aus, dass sie ein anstrengender Fuß-
marsch erwarten würde, also anstrengend eher für
Volker. Die letzten vier Jahre im Büro und vier Jahre
Zigarettenkonsum äußerten sich in verstärktem Hus-
ten. Da änderten auch 36 Stunden Rauchfreiheit
nichts daran. Und so war er froh, dass sie ihr Gepäck
reduziert hatten.
Sie schienen die ersten der Überlebensgruppe zu sein
und waren sich etwas unsicher, ob sie an der richti-
gen Stelle warteten. Unten links im Tal lag Kitzbühl

und direkt darunter, na ja auch irgendeine Ortschaft.
Dann kamen sie: Zuerst zwei Betreuer, junge Bur-
schen die freundlich grüßten und erstmal wieder
wegfuhren, dann zwei Väter mit Sohn. Und dann noch
zwei weitere im Doppelpack. Als alle da waren, ging
es zur allgemeinen Beruhigung dann doch noch ein
Stück mit dem Auto bergauf. Am Ende blieb ein steiler
gewundener Fußweg von zehn Minuten durch schö-
nen Bergwald übrig. Oben öffnete sich eine Wiese mit
Blick ins Tal, an deren oberen Ende wieder Wald und
viele Blaubeerbüsche grenzten.
Dort standen eine Mini-Hütte mit Wasserbehälter.
Nicht weit davon entfernt gab es noch zwei Bauarbei-
ter-Toiletten. WC-freies Überleben gibt es anschei-
nend nicht. Die Straße änderte sich in einen Wander-
weg, der sich dann gabelte und sowohl hinten wieder
bergab führte, als auch hinter der Wiese zwischen
den Bäumen um die Wiese herumführte.
In perfekter Harmonie errichteten die Beiden zwi-
schen den Zelten der Anderen ihre Behausung, wel-
che ja nicht nur sie, sondern auch ihr gesamtes Ge-
päck aufnehmen sollte. Im Klartext hielt Gregor die
Hülle fest und der Vater zerrte die mit Stoff bespann-
ten Gymnastikringe heraus und warf sie weg. Es
ploppte kurz und dann lag ein kleiner mickriger be-
dauernswerter Tunnel im Gras, der noch etwas nach
den zwei Flaschen Imprägnierspray roch. Damit wa-
ren sie schneller fertig mit dem Aufbau, als alle ande-
ren Vater- Sohn-Gespanne. Während diese noch Stan-
gen zusammen fügten, Heringe einklopften, Schnüre
und Überzelte spannten, saßen die beiden im Gras,
genossen die Sonne und die frische Bergluft, und wa-
ren dankbar, dass es nicht wie angekündigt regnete.

Ein bisschen hatte die Situation etwas von dem Mär-
chen mit den drei Schweinchen und dem bösen Wolf.

Volker und Gregory waren die, die das Haus aus Stroh hatten. Als einer der beiden Begleiter meinte, alle sollten ihre Koffer in ihre Zelte stellen und nach vorn kommen, schauten die beiden sich das erste Mal irritiert an. Da lag ein unförmiges Loch, umhüllt von Stoff, gerade so ausreichend für zwei Personen in paralleler Fötusstellung. Es war schnell klar, dass es hieß: die Taschen oder sie. Die Taschen verloren und mussten nachts draußen stehen. Bei diesem warmen Sommerwetter mit 26°C war das sicherlich kein Problem.

Die erste gemeinsame Aktion des Überlebenscamps bestand für die noch Lebenden an diesem Abend darin, gemeinsam mit den anderen ein Gemeinschaftszelt ohne Fenster zu errichten, in welchem sogar Holz gelagert wurde und Feuerstelle gemütliche Abende versprach. Der einzige Nachteil war, dass es schräg stand, weil es keine ebenen Flächen gab. Das traf auf die Zelte übrigens auch zu. Das Gemeinschaftstipi hatte keine Fenster. Man hätte etwaige angreifende Tiroler Bergindianer oder andere Bedrohungen nicht kommen sehen – und die gab es tatsächlich. Womit eines der großen Rätsel der amerikanischer Geschichte gelöst wurde, also warum die Indianer in Amerika keine Chance hatten. Die hatten alle keine Fenster in ihren Tipis und sahen nicht, wie sich der Weiße Mann mit seiner Donnerbüchse anschlich.

Inzwischen war draußen auch das letzte Zelt in trauter Reihe aufgebaut und alle hatten sich eingerichtet.

Das unterernährt wirkende Zelt der beiden war vom Tipi aus, auf den ersten Blick nicht zu sehen. Nur eine winzige scheinbare Lücke konnte man ganz hinten erahnen.

Dort lag es krumm und schief, das kleine Wur-
zelzwergwurfzelt. Die beiden Betreuer spannten ne-
ben dem Zelt eine Militärplane über einem zweiten
offenen Feuer. Als alle dann die 500-Liter-Zisterne
mit dem angeblich frischen Bergwasser des Bergbau-
ern ausgiebig bewundert hatten, den übrigens nie je-
mand zu Gesicht bekam, wurden kleine Spiele veran-
staltet. Dabei gab es ein Spiel, bei dem im Wechsel ei-
nem der Jungen die Augen verbunden wurden und
alle im Kreis um ihm herumstanden. Dann versuchte
jeder, ihn mit der Hand an der Wade abzuschlagen. Er
musste nach Gehör die Angreifenden mit einer
Schaumstoffschlange daran hindern und sie treffen.
Wer getroffen wurde war raus. Einer der Jungen
wurde prompt mitten ins Auge getroffen, weinte hef-
tig und war dann wirklich für einige Zeit raus. Der
Kampf ums Überleben hatte begonnen.
Danach wanderte man durch den Wald und machte
ein Vertrauensspiel. Dabei stellte sich Jeder nachei-
nander auf eine Parkbank und ließ sich rückwärts fal-
len. Die anderen verschränkten ihre Hände und Arme
und mussten ihn auffangen. Das klappte ganz gut, bis
besagter Junge dran war. Als er sich fallen ließ, also

gut, eigentlich sprang er eher, traten die andern Jungen beiseite und ...
Damit war der Pechvogel erneut raus und es gab wieder Tränen. Da alle überlebt hatten und genug „Vertrauen" erzeugt war, ließen sie sich im Zelt auf dem Boden nieder und begannen mit dem gegenseitigen Vorstellen. Dabei nannten die Väter zu Beginn ihren Namen, Beruf und wo sie herkamen. Dabei outete man sich als Erzeuger, indem man auf die Frucht seiner Lenden zeigte oder als die Kinder sich vorstellten als Frucht auf den Erzeuger. Die stolzen Väter hatten alle gemeinsam, dass sie zu wenig Zeit mit ihren Söhnen verbracht und deswegen schlechtes Gewissen hatten. Die Vernachlässigung ihres Nachwuchses in den letzten Jahren wollten sie nun durch drei Tage Überlebenskampf wettmachen wollten. Was für eine Idee!

Und die "Früchte" waren vermutlich nur deswegen da, weil sie keine andere Chance hatten. Jedenfalls schoss man sich danach im Zelt gegenseitig mit einem Ball ab und musste dabei das Gegenüber mit dessen Namen benennen. Gregors Vater war das bereits viel zu viel der Gemeinsamkeit. Er wollte etwas mit seinem Sohn machen und nicht in einer Männergruppe aufgehen. Jetzt wurde ihm auch klar, dass seine Frau diesen Effekt vorausschauend erahnt hatte. Blöd war auch, dass sein Sohn trotz des geringen Altersunterschiedes einen Kopf größer als die anderen Buben und auch größer als die meisten Väter war. Gulliver unter den Zwergen. Die Leute waren dem Vater jedenfalls völlig egal. Seinem Sohn ging es mit den Altersgenossen ähnlich.

## Teil 2

Während der Vater im Zelt die Namen der anderen genauso regelmäßig vergaß, wie sie genannt wurden, schob Petrus draußen Wolken zusammen, lud sie mit erneuerbaren Windstrom auf und kühlte sie dann ab, bis ein explosives Gemisch entstanden war. Das ließ er dann urplötzlich frei. Während drinnen die Knallfrösche sich wie im Altenheim noch Bälle zuwarfen und mit Gedächtnislücken gegenseitig Blamagen zufügten, wurde es draußen wie drinnen immer finsterer. Es knallte immer lauter, bis ein einziger Donnerschlag auch den letzten im Zelt zum Innehalten und Schweigen brachte. Es klang, als würde der Himmel mit dürren Knöcheln nach dem Zelt greifen und versuchen, es in tausend Stücke zu zerfetzen. Unter dem Zeltrand drang urplötzlich immer mehr Wasser ein, machte den Boden weich, staute sich auf und floss nur ganz langsam in Richtung Tal wieder ab. Innerhalb von Minuten sank die Temperatur um fast 20 Grad. Die Sandalen der beiden gaben sich geschlagen und mordopferten bei jedem Schritt mit verzweifelten Saug-, Schlapper- und Schmatzgeräuschen. Als dem Vater die Zehen abzufrieren begannen, hob er vorsichtig den Zeltrand an, schaute entsetzt nach draußen und fotografierte die Wiese.
Sie war mehrere Zentimeter hoch mit großen Hagelkörnern bedeckt und stand komplett unter Wasser; trotz Hanglage.

Im Dorf, anderthalb Kilometer Fahrstrecke unter ihnen, begannen die Einwohner Sandsäcke vor ihre Einfahrten und Haustüren zu stapeln. Das Überlebenstraining hatte in 1,4 Kilometer Höhe mitten auf einem Berggipfel mit einer Überschwemmung begonnen.

Als urplötzlich das Gewitter verschwunden war und die Sonne wie zum Hohn mit wunderschönem Regenbogen wieder schien, hüpften die beiden durch die überflutete Eiswüste zu ihrem Wurfzelt.

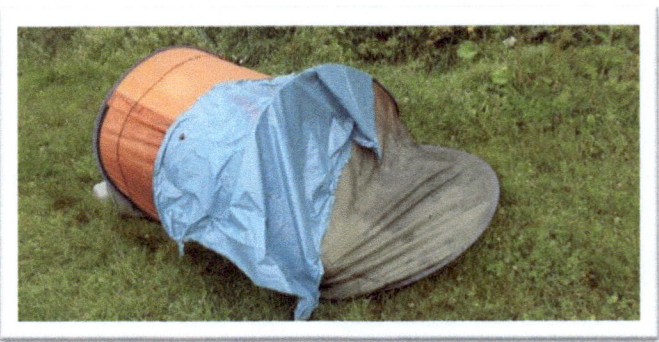

Im Zelt stand 5 cm hoch das Wasser und alles war klitschnass. Lediglich Gregorys Bett war nur um- und nicht weggespült worden.

Die beiden versuchten nun irgendwie zu retten, was zu retten war, brachten die Rucksäcke ins Gemeinschaftszelt, leerten das Wasser aus und legten Müllsäcke darüber, um sich vor dem Eindringen weiterer Regenfälle zu schützen. Und dann schickte Petrus wieder seine Regenwolken. Um es vorweg zu nehmen, es sollte bis in den frühen Morgen durchregnen und die beiden hatten nichts Trockenes und Wärmendes mehr zum Anziehen. Im Tipi hatte man die Feuerstelle angeworfen, welche jedoch angesichts der feucht gewordenen Scheite zu viel Qualm produzierte, sodass man nur in feuchter Bodennähe noch etwas atmen konnte. Die anderen zogen sich jetzt in ihre großen Zelte zurück. Überall gingen kleine Lichter an. Es wurde gelacht, ermahnt, Märchen erzählt und sich angeregt unterhalten. Einer der Väter konnte anscheinend keine drei Tage ohne Alkohol auskommen und hatte seine Bierbüchsen in die Hagelkörner gelegt Die teilte er nun mit den anderen, also nicht die Hagelkörner, das Bier. Und so nahm fast jeder eine kalte Büchse mit ins Zelt. Einer anderer Vater hatte seine Frau mit Tochter im warmen Hotel im Tal zurückgelassen. Die aktivierte er jetzt, um Nachschub zu organisieren. (Sie unternahmen also genau das, was üblicherweise so nötig ist, wenn Vater und Sohn etwas gemeinsam unternehmen.)

Sie machten automatisch dass, was man an einem Vater/Sohn Wochenende immer so macht. Man lernt bei Bier andere Väter kennen. Die Söhne machten ihr eigenes
Ding.

Holger hatte in seiner winzigen feuchten Tropfstein-
höhle jedenfalls mit ganz anderen Sorgen zu kämp-
fen. Die Rucksäcke standen jetzt im feuchten Boden
des Gemeinschaftszeltes und die beiden Helden lagen
auf ihren Zentimeter dicken Matratzen. Unter denen
es bei jeder Bewegung gluckerte und plätscherte. Das
Zelt erinnerte an eine Zwillingsgeburt in einer was-
sergefüllten Fruchtblase und war auch gefühlt etwa
so eng. Die beiden lagen in Fötus Stellung Rücken an
Rücken auf ihren Matratzen. Unter ihnen und um sie
herum floss das Wasser durchs Zelt. Die Zeltdecke
hing jetzt durch den Regen ungefähr 5cm über den
Köpfen und jede Berührung löste ein Rinnsal aus. Da-
bei prasselte der Regen mit immer stärkerer Intensi-
tät auf, na ja, wir nennen es ausnahmsweise nochmal
so, auf das Zelt ein. Als Holger einmal versuchte sich
zu drehen, ergoss sich ein Wasserstrahl auf seine
Haare, so dass er dachte, er läge in einer Dusche. Als
er seinem Sohn eine angenehme Nacht wünschte,
mussten beide herzhaft lachen. Während sein Wald-
hort erprobter Sohn Gregory sofort wie ein Murmel-
tier einschlief, klappte das bei seinem Vater über-
haupt nicht. Zu all der Enge und Nässe kam noch die
Entzugserscheinung durch fehlendes Nikotin hinzu,
welches eines der stärksten Gifte überhaupt ist. An
Rauchen dachte er in dieser Situation überhaupt
nicht, aber neben der kalten Nässe krochen jetzt noch
Platzangst, Atemnot, rasender Puls und Schweißaus-
brüche in ihm hoch.

Zwei Stunden hielt er es aus, ohne sich zu bewegen,
dann glaubte er zu ersticken. In einer Panikattacke
riss er die Zeltwand auf, durch die sofort jede Menge
Wasser einströmte, und kroch schwer atmend nach

draußen. Es regnete in Strömen. Als er mit halb erfro-
renen Fingern die Zelttür geschlossen hatte, stapfte
er durch die in Furchen kniehoch unter Wasser ste-
hende Eiswiese nach vorn ins Gemeinschaftszelt. Die
beiden jungen Betreuer saßen noch unter ihrer Plane
und guckten stumm in ein kleines Feuer.

Der Zeltboden war inzwischen völlig durchgeweicht
und das Feuer ausgegangen. Es roch nach kaltem
Rauch, war feucht, nass und kalt. Er schnappte sich
seine zwei Luftpolstersessel, so eine Art Luftschläu-
che, die man herumwedelt um Luft einzufangen und
dann immer enger zuknotet, bis eine Art Sitzpolster
entstanden war, und legte sie nebeneinander. Dann
holte er eine noch halbwegs trockene Strickjacke und
ein Handtuch zum zudecken heraus und versuchte, es
sich auf den Sitzen bequem zu machen. Es wurde je-
doch zu einer anstrengenden Wackelpartie. Also
holte er sich Holzscheite und versuchte mehr
schlecht als recht, die Sitze zu stabilisieren. Völlig
übermüdet schlief er irgendwann ein --- und kippte
um - ins Wasser. Zweimal, dreimal, immer kurz nach-
einander! Dann war er wieder wach und Handtuch
und Strickjacke waren ebenfalls nass. Zwischen vier
und fünf Uhr morgens war dann seine Leidensfähig-
keit erschöpft. Er suchte seine Autoschlüssel heraus
und begab sich bergab zum Auto. Dort machte er den
Motor und die Sitzheizung an und schlief erleichtert
tief und fest ein. Bis...

Teil 3

Na ja, bis gegen sechs Uhr in der Früh einheimische Wanderer ans Auto klopften und sich fürchterlich aufregten, dass jemand auf die Alm fährt und dann bei laufendem Motor im Auto schläft. „Typisch deutsch." schimpfte einer. „Das hier ist nicht Mallorca. Das ist Österreich." meinte ein anderer.

Gegen acht Uhr machte er sich, wie durch einen Fleischwolf gedreht, durch die neblige Wald- und Wiesenlandschaft auf den steilen Weg nach oben,

fest entschlossen, das Überlebenstraining nicht noch weiter auf die Spitze zu treiben.

Dort hatten die Betreuer einen Tisch mit Käse, Butter, Marmelade und Brot aufgebaut. Die Hälfte der Mannschaft nahm Blaubeeren ab, die zusammen mit Zucker zu einer Art Brei verkocht wurden. „Die Füchse pinkeln darauf und hinterlassen den Fuchsbandwurm. Davon kann man sterben." Abgesehen davon, dass in Deutschland im Jahr zuvor nur 30 Leute sich mit dem Fuchsbandwurm infiziert hatten (Das sind 0,00000036%.) war jetzt klar, dass der blaue Brei nur abgekochtes Fuchspipi mit Würmern und Beerengeschmack - und keine pürierten Schlümpfe - war. Da wünscht man sich doch lieber das Original, also zart gedünstete Schlümpfe im Kochtopf. Nach dem Essen galt es, mitten im Wald einen regenfesten Unterschlupf zu bauen. Nach der durch nässten Nacht sicherlich keine üble Idee. Da aber niemand wusste, wie man das macht und die Betreuer auch nichts dazu beitrugen, lernte niemand etwas und es gab drei Stunden später sieben Unterstände, von denen eins undichter und ungeeigneter war als das andere. Vor jeder dieser „Schlumpfburgen" wurden dann die stolzen Söhne mit ihren Vätern fotografiert, wobei man vergas, die Bilder später den Leuten zukommen zu lassen. Inzwischen hatten die verschiedenen Wetterberichte sich auf anstehenden Regen geeinigt und Volker verkündete zwar, froh zu sein, bis jetzt überlebt zu haben, aber das Schicksal nicht weiter in Versuchung führen zu wollen. Daraufhin überboten sich alle mit Hilfsangeboten. Einer meinte überraschend, er hätte zwei Zelte dabei und eines übrig und die jungen Burschen könnten Leinen zum Trocknen der Sachen spannen. Doch Holger hatte die Nase voll und sehnte sich nach einem warmen Bett und nicht einer weiteren Regennacht. Gregory grinste und meinte: „Ich brauche das alles hier nicht."

Und so mieteten sie sich ein warmes Hotelzimmer an, machten Ausflüge nach Kitzbühl, Rosenheim und München. Und das taten sie gemeinsam, zusammen, nur Vater und Sohn, ohne biertrinkende Männergruppen.

Ach ja, der Vater schlief sich in der Folgennacht dann fast 16 Stunden gesund, während der Sohn Trickfilme schaute.

## Kapitel 29
### Die Kaffeefahrt –Manche kaufen alles

Vorgestern kam Elfriede, die Nachbarin übers Feld auf einen Plausch bei Elsa vorbei. Natürlich mit frischen Eiern und Kuchen, so wie sich das auf dem Land gehört. Kaum das sie im Sessel saß und Elsa den Tisch gedeckt und eine Blumenvase mit frischer Ernte aus dem Garten geschmückt hatte, begann sie aufgeregt den frisch gebrühten Kaffee kalt werden zu lassen: „Du, Elsbeth!" (Sie sagte immer Elsbeth zu ihr.), plapperte sie ohne Luft zu holen mit ihrer etwas schrillen Fistelstimme los: „Ich hab` da eine Zeitschrift. Du weißt schon, eine von denen, die immer vor dem Reisebüro ausliegen. „Schöner buchen" oder wie die Gazette heißt. Da werden immer so waaahnsinnig günstige Ausflüge angeboten. Warst du schon mal auf Schloss Grimmenfels? Bei den Ausflügen dorthin soll der Teufel los sein soll. Tootal günstig. Da könnten wir beiden alten Wachteln mal so richtig auf den Putz hauen. Ich bin ja sooo aufgeregt. Wollen wir nicht mal zusammen irgendwo hinfahren? Muss ja nicht das Schloss sein, da gibt's noch viel mehr." Fast hätte sie ihren Kaffee verschüttet. Deshalb stellte ihn strahlend beiseite und hypnotisierte mit ihren Tränensäcken ihr Gegenüber.

Seit Elsas Kinder selbst Kinder hatten und der Arbeit hinterher gezogen waren, war es etwas einsam auf ihrem Bauernhof geworden. Es dauerte also nur wenige Minuten, bis diese auch Feuer fing.

Als Elfriede am frühen Abend und nach einigen Glä-
sern selbstgemachten Schlehenlikörs sich auf ihr
Fahrrad schwing, hatte sie zwar das Gefühl, dass es
krumme Räder hatte, so wie es schlingerte, aber dass
sie eine Reise machen würden stand fest.

Da Rentner nie Zeit haben, dauerte es dann doch noch
einige Wochen, bis die beiden bei einem Reisebüro
saßen. In der Zwischenzeit hatten sie sich noch mehr-
mals bei Kaffee und Kuchen getroffen und ihr Vorha-
ben von allen Seiten beleuchtet. Wer könnte die Vie-
cher füttern, die Blumen im Haus und im Garten gie-
ßen, die Eier aus den Nestern nehmen, die Post aus
dem Briefkasten sichern und dem Pastor Bescheid
geben, dass er beim Abendmahl zwei Hostien übrig-
haben würde. Und vor allem, wer würde sie zum Rei-
sebus bringen? Brauchte man Verpflegungsbeutel?
Gab es Getränke an Bord und wie teuer war so etwas
überhaupt? Es war sooo viel zu organisieren und an
sooo viel zu denken. Elfriede meinte, ihr verstorbener
Mann hätte sich einfach vor sich hin brummelnd in
den Bus gesetzt und gar nichts vorbereitet. Gott hab'
ihn selig. Den ganzen Orga-Aufwand hätte er immer
nur ihr überlassen und sich danach noch aufgeregt.
Da sei es doch heutzutage für sie viel einfacher, weil
man nur noch an sich selbst denken müsse und nicht
noch an ein großes Kind. Gott hab' ihn selig.

Die beiden kicherten. Elsa ergänzte, ihr Alter wäre
gar nicht erst mitgefahren. Der alte Kriebel hätte sich
zum Nachbarn in die Garage gesetzt und den ganzen
Tag Bier gesoffen. Kein Wunder, dass ihn der Deibel
so zeitig abberufen habe. Gott hab' ihn selig.

Die beiden bekreuzigten sich und kicherten wieder.

Sie hatten beide ihre Göttergatten innerhalb eines Jahres verloren und sich jeweils beim Abschiedsschmaus überschwänglich ihres gegenseitigen Bedauerns versichert. Die Damen aus ihrem Kaffeekränzchen hätten daraufhin festgestellt, dass die beiden seitdem regelrecht aufgeblüht seien. Und die eine oder andere aus dem Dorf war der festen Überzeugung, dass nachgeholfen wurde. Ein Gerücht wollte sogar wissen, dass sie sich gegenseitig mit demselben Gift zu Witwen gemacht hätten. Jedenfalls schloss die eine oder andere die armen Männer in ihre Gebete ein. Gott hab' sie selig. Aber vielleicht waren die Gerüchte um die eine oder andere Liebelei ja nicht ganz unberechtigt gewesen. Aber wer weiß das schon.

Jetzt stöberten die beiden seit drei Stunden - befreit von ihrer männlichen Behinderung - an einem der kleinen runden Tische sitzend in einer aufgestapelten Prospektschüttung herum. Dabei tranken sie laut schnatternd Tee dazu, was ihnen manch verärgerten Blick anderer Kundinnen einbrachte. Die Sonne tanzte durch eine Fensterecke auf dem blauen Teppich. Und durch die leicht geöffnete Tür des Reisebüros hörte man Spatzen lärmen, die sich um einen Brotkanten stritten. Beste Bedingungen also zur Buchung eines Tagesausfluges. Der Weg ist eben das Ziel. Kurz bevor das Reisebüro schloss, entschieden sie sich dann doch gegen das bergige Schloss Grimmenfels und stattdessen für eine Busfahrt, die mit dem Titel „Kaffeefahrt in den Spreewald" überschrieben war. Sie kennen das, so mit Verpflegung im Bus, mit Mittagessen und Kanufahrt und - kurz vor der Heimfahrt noch Kaffee und Kuchen, wobei ein Händler, von dem sie noch nie etwas gehört hatten, seine

Haustechnikgeräte vorstellen sollte. Sozusagen eine Art tuppermäßige Gurkenlandabschlussparty.

Die beiden Frauen hatten so viel Dinge abgesprochen, die sie mitnehmen wollten, dass Else zuerst eine Art Riesenkoffer gepackt hatte. Aber irgendwie war ihr ihr ehemaliger Mann nach so langen Jahren immer noch wie ein lästiger Ohrwurm im Kopf, und der nörgelte ständig sie an: "Else, pack den Krempel weg! Das schleppe ich doch nie und nimmer in der Gegend herum. Wir wollen nicht das Land verlassen, sondern nur einen Wanderausflug machen." Letztlich setzte er sich immer durch, beim Krempel, sonst nicht. Gott hab' ihn selig. Und ignorierte sie ihre/seine innere Stimme weitgehend und es wurde daraus eine prallgefüllte Handtasche mit Erste Hilfe Set und ein Picknickkorb mit Obst, Keksen, Kuchen, Kaffee, Zeitschriften und einer Decke.

Auf die ausklappbaren Stühle hatte sie im letzten Moment mit einem tiefen Seufzer verzichtet und sie in den Stall zu den Spinnweben zurückgestellt. An denen hingen aber auch zu viele Erinnerungen. Gott hab' ihn selig.

Pünktlich um 8 Uhr saßen Elfriede und Else in einem modernen Reisebus. So einem überteuren Monstrum, dessen Sitzreihen man in großer Höhe erst erklimmen muss. Da, wo man sitzen sollte, waren die Koffer untergebracht und umgekehrt. Die alten Postkutschen hatten das besser, also genau anders herum, geregelt. Elfriede meinte, bei so vielen Stufen hätte man auch eine Bergtour buchen können. Woraufhin der Busfahrer sein Gefährt mit ganz anderen Blicken ansah als vorher. Immerhin lag das Durchschnittsalter seiner heutigen, allerdings noch ganz rüstigen, Fahrgäste irgendwo zwischen 70 und 80. Der Reiseführer, ein entzückender junger Mann, wie manche Damen meinten, also so um die Mitte 50, wickelte die überwiegend weiblichen Gäste bereits bei der Begrüßung mit seinem urigen Charme ein. Nach einem Begrüßungssektchen und etwas Kaffee für alle startete der Reisebegleiter mit seinem Mikrofon sofort in die Welt der Unterhaltungskunst. Anzügliche Witze, die älter als das aufaddierte Alter der Anwesenden waren, wechselten sich mit Volksmusik ab, die auch nicht viel jüngeren Datums war. Es waren übrigens ca. 50 Fahrgäste mit einem Mindestalter von 70 Jahren an Bord. Nur, falls Sie mitrechnen möchten.

Die Lieder sang der Reisebegleiter so laut und so schräg mit, dass sich manch ein Fahrgast bei der stündlichen Pilleneinnahme verschluckte. Das wäre was geworden, wenn die Männer der beiden Damen noch am Leben und dabei gewesen wären. Gott hab' sie selig. Die hätten den lärmenden Singnichtgut zu den Koffern in das Untergeschoss gepackt.

Nach einer kurzen Pipi-Pause, in der alle wegen der Stille aufatmeten, wurde bei einem Quiz nahezu jedem Fahrgast ein Mikrofon unter die Nase gehalten. "Was für ein entzückender junger Mann." seufzten die Einen. "Lieber Gott, ich hoffe, du hast daran gedacht, dass er nur einen Acht-Stundentag hat, dann ist er bei der Heimreise nicht mehr dabei." beteten die Anderen. Elfriede und Elsa hatten sich ihre mitgebrachten Stullchen zurechtgelegt, in die sie immer dann hineinbissen, wenn er ihnen gefährlich nahe

kam oder mit seinem Mikrofon in ihrer Richtung her-
umwedelte. Sie waren nicht die einzigen, die keine
Lust auf Bespaßung hatten. Andere Reisegäste genos-
sen die Vorzüge des Alters und taten so, als ob sie
nicht in der Lage seien, mit ihm zu kommunizieren.

Hinter ihnen tat eine edel aussehende feine Dame so,
als ob sie nichts hören würde und antwortete immer
mit "hä?". Weiter vorn saß ein älterer Herr, der zum
Amüsement der Umgebung jedes Mal sein Gebiss her-
ausnahm, wenn sich die bezahlte Stimmungskanone
näherte. Andere Abwehrstrategien waren "sterbens-
krankes Hüsteln", mit offenem Mund schlafend stel-
len, sodass das Gegenüber nicht mehr weiß, ob man
noch lebt oder "völlig unbeeindruckt in der Tasche
wühlen und dabei leicht senil vor sich hin brabbeln".

Und so verging die Hinfahrt in den Spreewald wie im
Fluge. Beim. Mittagessen verschluckte sich eine Dame
an einer Gewürzgurke und wurde vom Fahrradver-
leiher gerettet. Einer der Herren lies auf dem Ruder-
kahn seine Tasche liegen und alles drehte nochmal
um und bevor man zum Abschlußkaffee mit Haus-
haltsgeräteshow kam, galt es noch einen Streit zu
schlichten. Die angeblich so feine aber taube Dame
war in einen lautstarken Streit mit einem der Stra-
ßenhändler geraten. Sie schrie auf ihn ein und schlug
mit ihrer Handtasche auf seinen Kopf ein, wie ein
Trommler aus Napoleons Armee beim Angriff auf
seine Trommel. Angeblich habe er sie beim Abwägen
der Salzgurken betrogen. Der Reiseführer schlichtete
den Streit, mit dem Nebeneffekt, dass er jetzt wusste,
dass sie nicht taub oder stumm war und sie bei der
Heimfahrt zur Hauptdarstellerin machte. Für Elfriede

und Elsa war es bis jetzt ein absolut gelungener Ausflug. Schönes Wetter, schöne Landschaft, schöne Ortschaften und ständig war etwas los. Elsa meinte: "Na Gott sei Dank sind wir nicht nach Schloss Grimmenfels gefahren. Da gibt's keine Gurken. Aber wenn unsere beiden Ollen noch leben würden, dann wären wir vermutlich auch nicht hier gelandet." Die beiden lachten. Wahrscheinlich hatten sie wirklich ihre Ehegesponse entleibt. Gott hab' sie selig.

Und dann saßen sie in einem begrünten Hinterhof mit Blick auf einen der Spreekanäle auf Gartenbänken mit kleinen Kissen. Elfriede hatte sich für Erdbeerkuchen entschieden. Elsa hatte die Spreewälder Spezialtorte gewählt. Sie wissen schon, die wo die Stücken wie eine verpickelte Gurke aussehen, aber die Torten eigentlich nur eine grün gefärbte verkappte Möhrenoder Gurkentorten sind. Bio natürlich. Kuchenstücke, wie sie der liebe Herrgott hatte auf natürliche Art und Weise wachsen lassen.

Vorn hatte der Händler einen Tisch mit allen möglichen Küchengeräten aufgebaut. Links und rechts standen Boxen, deren Dimension jedem Hartrockkonzert zur Ehre gereicht hätte.

Dann brüllte er seine Zielgruppe in einer Lautstärke an, die den Reiseführer mit seinem lauten Auftritt im Bus ganz hinten an die Nahrungskette stellte, aber sowas von ganz ganz weit nach hinten. Elsa war nicht bereit auf Kommunikation zu verzichten und brüllte Elfriede ins Ohr: "Das ist heute schon meine achte Tasse Kaffee." Worauf diese zurückbrüllte: "Wenn du heute Nacht nicht schlafen kannst, komm rüber zu mir, im Gemüsebeet muss Unkraut gejätet werden."

Dummerweise hatten sie damit den Geräteschreier auf sich aufmerksam gemacht. Der bahnte sich mit ein paar Exemplaren sofort den Weg zu ihnen. Doch bevor er sich auf sie stürzen konnte, tauchte der Wirt aus dem Gasthof mit zwei seiner Kellner mit hochgekrempelten Ärmeln auf und verlangte, dass die Lautstärke herunter geregelt werde. Immerhin seien sie nicht die einzigen Gäste und die meisten kämen wegen der schönen Natur. Er drehe ansonsten den Strom ganz ab. Danach wurde solange an der Lautstärke gedreht, bis der Küchenfuzzi entnervt die Anlage ganz abschaltete.

Der Reisegruppe hatte die Show ganz gut gefallen, doch war sie inzwischen mit Kaffee und Kuchen fertig und wollte aufbrechen. Das entsprach jedoch nicht der Vereinbarung zwischen Reisebüro und Händler, was zur nächsten vergnüglichen Auseinandersetzung führte. Man einigte sich durch die Befragung der Reisegruppe darauf, dass man ihm doch noch die Gelegenheit für seine Präsentation einräumen würde und die Gäste forderten im Gegenzug ein Freisektchen des Reiseveranstalters ein. Bei diesem Vorschlag wurde gejohlt, geklatscht und auch aus dem letzten Gebiss kam noch ein begeistertes Pfeifen heraus.

Alle standen oder saßen jetzt um den Tisch des Händlers herum und er kam immer mehr in Fahrt. Elsa meinte: "Wenn der mal stirbt, muss man seine vorlaute Klappe extra tot hauen." und Elfriede meinte: "Wahrscheinlich verkloppt der sein Zeug noch aus dem Sarg heraus." Beide nahmen sich vor nur zuzuhören und nichts zu kaufen. Nach einer Stunde war der ganze Zauber vorüber und der Reisebus bog sich unter der Last der Küchengeräte in der Mitte durch.

Elfriede war jetzt stolze Besitzerin eines automatischen Orangenhaut-Schälers, eines elektrischen Zwiebelentsafters, eines Knoblauchgeruch-Neutralisierers und einen etwas lauten Schredderers für Gurken-, Obst- und sonstige Schalen zum sofortigen Untergraben im Beet. Elsa hatte sich für einen Behälter entschieden, mit dem man Teebeutel schneller kompostieren und Beutel und Strick trennen kann, einen elektrischen Wurst- und Kasewürfler für verschiedene Würfelgrößen, eine Falle für Obstfliegen im Kühlschrank und einen von außen anzubringenden Kühlschrankverschluss. Der entriegelte den Kühlschrank per Fingerabdruck und gab bei nichtbefugtem Zugriff laute Alarmtöne von sich. Davon hatte sie gleich zwei gekauft, weil immer dann, wenn die Enkel da waren, ihre Schinken- und Schokoladenvorräte aufgebraucht waren, egal, wo auch immer sie letztere versteckte. Dann war der Ausflug vorüber. In den nächsten Tagen nach der Installation, welche total easy also leicht war, konnte man von dem Waldweg aus, der bei ihrem Hof vorbeiführte, ständig laute Alarmtöne und wüstes Schimpfen wegen des Kühlschrankverschlusses hören. Ständig wurde sie von ihrem Kühlschrank als fremder Eindringling erkannt. Eines Samstagabends ging dann gar nichts mehr - kein Kühlschrank und keine Schokolade. Elfriede half lachend ihrer schokoladenmäßig unterzuckerten Elsa aus und am Montag kam ein Elektriker, der den ganzen Mist ausbaute und auf den Schrott warf. Auch der ganze restliche Krempel aus der Spreewaldfahrt war so unnötig, wie ein Kropf, wenngleich die Gurken lecker gewesen waren. Ein Jahr später setzte dann einer der Enkel Elfriedes und Elsas Errungenschaften bei Ebay rein und verscherbelte sie als Scherzartikel. Aber dennoch war der Ausflug ein voller Erfolg und die beiden Damen unternahmen noch manch vergnüglichen Ausflug zusammen. Die meisten der Dinge, die sie dabei erworben, waren jedoch genauso unsinnig, aber das war ihnen letztlich egal, denn der Weg war das Ziel. Ihre Männer hätten über die Käufe entsetzt die Köpfe geschüttelt. Gott hab' sie selig.

Ach ja. Die feine Dame hatte auf dem Rückweg nichts zu lachen, denn der Reisebegleiter rächte sich, indem er seine Ulknummern über zwei Stunden fast nur an ihrem Platz absonderte.

Als Elfriede und Elsa sie ein Jahr später wieder trafen, hatte sie ihre Strategie geändert. Sie hatte eine Blindenbrille dabei und einen ausziehbaren Stock.

Wissenswertes:
Kaffeefahrten waren in den 70iger bis 90igern beliebt. Die Leute wurden irgendwohin gekarrt, wo sie nicht wegkonnten und dann abgezockt. Solche Sachen kommen wie Wellen. Sinti und Roma, die Teppiche verkauften und gleichzeitig die Wäscheleine leerten, Staubsaugerverkäufer die in der Wohnung Probe reinigten. Hütchenspieler und Pyramidenspiele waren damals in. Das allgemeine Spielmotto lautete (und das gilt heute auch noch): „Wer nicht aufpasst, verliert." Also, wenn Ihnen Ihre Enkel unbekannt vorkommen, Tür schließen. Wenn es die richtigen Enkel waren, kommen sie wieder. Liebe Enkel, das geht auch anders herum. Wenn der Arzt wegen offener Rechnungen der Oma anruft, dann seid misstrauisch. Dann das Geld in der Familie.

# Kapitel 30
## Tariftohuwabohu, bis der Arzt kommt

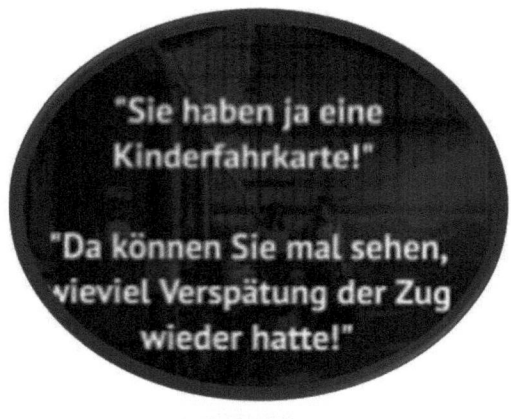

Es ist erst wenige Wochen her, als ich mich ent-
schloss, meine Tante an der See zu besuchen. Als um-
weltbewusster Mensch versuche ich generell, das
Auto so wenig wie möglich zu benutzen. Und auch
jetzt freute ich mich auf eine entspannte Fahrt im Zug.
Da kann ich mich unterhalten, ein gutes Buch lesen o-
der schöpfe meine geistigen Reserven ab, indem ich
schreibe. Doch jetzt hatte ich bereits vom Reisen ohne
Auto die Nase voll, bevor es überhaupt begann.

Zunächst wollte ich, naiv wie ich bin, lediglich in Er-
fahrung bringen, wo man buchen muss. Die Straßen-
bahnen haben jedoch nichts mit den S-Bahnen zu tun,

die S-Bahnen nichts mit der Regionalbahn und die Regionalbahn nichts mit der Deutschen Bahn. Das trifft allerdings nur für meinen Abreisort zu, nicht aber für den Zielort. Die haben dort weder noch. Dort gilt es den örtlichen Busunternehmer zu finden und seine Fahrzeiten auszukundschaften. Auch das Taxi sollte vorher gebucht werden, was auf dem Land und nachts nicht immer einfach ist.

Nachdem ich in meiner weisen Erkenntnis soweit vorgedrungen war, überlegte ich kurz, ob ich eine Excel Tabelle anlegen sollte, um mir einen Überblick über die Beteiligten zu verschaffen oder ob ein neues Handy für die vielen Verkehrs-Apps die ergebnisorientiertere Lösung sei.

Zunächst versuchte ich auf die klassische Variante zurückzugreifen, zückte einen Stift und nahm kariertes Papier zum Zwecke des Bekritzelns in die Hand. In der ersten Tabelle trug ich in der X-Achse die Uhrzeiten und in die Y-Achse die Unternehmen mit dem jeweiligen Reiseabschnitt unter. In die Mitte trug ich die Namen der Ansprechpartner, Emailadresse, Webseite oder Telefonnummer ein.

Die zweite Tabelle zeigte die Fahrabschnitte in der Y-Achse und die X-Achse mit den Bus-, Bahn- und sonstigen Unternehmen. In die Mitte kam der Preis.

Gleiches tat ich dann mit der Alternative zu Auto und Zug, dem Flug. Da drei verschiedene Flughäfen in drei benachbarten Städten mit vier verschiedenen Fluggesellschaften in Frage kamen, mussten die jeweiligen Hin- und Rückfahrmöglichkeiten zum Flughafen, der

Hin- und Rückflug selbst und die Anschlussmöglich-
keiten am Zielort erfasst werden. Jetzt saß ich bereits
vor vier Tabellen.

Gut, dass ich mich zeitig genug darum gekümmert
hatte, weil mir meine Frau einen Zettel hin mit ande-
ren Buchungsportalen hinlegte, die teilweise andere
Verbindungen oder günstigere Angebote unterbrei-
teten. Ich legte also eine weitere Tabelle an, wo ich
die Preise verglich. Allerdings reichte das nicht aus,
denn hätte es nur bei fixen Buchungspreisen. Sie wa-
ren jedoch flexibel. Also besuchte ich eine Kurzschu-
lung in der Handwerkskammer um zu lernen, wie
man aus diesen Tabellen die gewünschten In-forma-
tionen erhalten kann. Danach vernetzte ich die Tabel-
len und hinterlegte ein Diagramm, in welches die
Komponente des variabel buchbaren Reisepreises
einfügte.

Es gab da die Last-Minute-Buchung = besonders
günstig,

den Frühbucherrabatt = besonders günstig,

die Buchung am Schalter und am Automaten = nicht
so günstig,

beim Schaffner = noch ungünstiger,

mit der „Bahncard 25" = etwas günstiger

und noch günstiger die „Bahncard 25 Probe", welche
wegen der Kündigungsfristen jedoch eher ein Ter-
mingeschäft ist.

Ich trug dann Behindertennachlässe ein, Familienta-
rife und Schülerkarten, die jeweiligen Landesrabatte

für Touristen, wie die Sachsencard, und ob Vielfliegerbonusmeilen über-tragbar waren. Brachte als Nebeninformation noch die Sitzplatzverfügbarkeit der 1. Klasse und die Auslastung der 2. Klasse, WLAN Angebot und Fahrtdauern als Nebeninformation ein. Über die Wahrscheinlichkeitsrechnung ließ ich zu guter Letzt den Rechner prüfen, zu welcher Jahreszeit kurzfristige Sonderangebote und Rabatte zu erwarten seien. Wenn ich meine Reise um 3,4289 Tage verschieben würde, so der PC, dann wäre die statistische Wahrscheinlichkeit, nochmal 0,15 % Nachlass zusätzlich zu bekommen, am höchsten. Dann überprüfte ich, ob die Buchungen über ausländische Reiseunternehmen eventuell billiger waren. Das waren sie manchmal, aber nicht bei Busunternehmen, S-Bahnen und Straßenbahnen. Auf meinem Boden stapelten sich ausgedruckte Tabellen, Blätter mit mathematischen Berechnungen und Flussdiagramme. Am günstigsten kam ich weg, wenn ich über die Galapagosinseln einen Reiseserver auf den Falklandinseln anzapfte und von dort über die Philippinen, Mailand und Sewastopol buchte. Dadurch kam ich den Genuss von Reisezuschüssen, die das Auswärtige Amt Reisenden aus Sri Lanka anbot, wenn diese über Kambodscha oder Aserbaidschan einreisten. Also beantragte ich die doppelte Staatsbürgerschaft der Galapagosinseln und heiratete deswegen im Internet eine Einheimische. Ich bin jetzt ein Galapagosdeutscher. Allerdings musste ich noch den Glauben wechseln, damit zwei Ehefrauen möglich wurden. Um es exakt zu formulieren, ich bin ein mormonischer Galapagosdeutscher mit vogtländischem Migrationshintergrund ohne Anspruch auf Asyl (in Galapagos).

Was soll ich sagen, am Ende hatte ich die Fahrkosten von 147 Euro auf sagenhafte 73 Euro gesenkt. Meine Frau hat sich scheiden lassen und lebt jetzt in einer Zweckgemeinschaft mit der Galapagosianerin zusammen. Und endlich besuchen mich meine Kinder, manchmal, meist grinsend. Leider kann ich ihnen wegen der engen weißen Jacke, die auf dem Rücken geschnürt ist, die Hände nicht schütteln, aber das geht hier allen Patienten so. Seit ich vom Onkel Doktor die richtige Medikamentendosierung bekomme, sehe ich nachts keine Züge mehr übers Wasser fahren und Straßenbahnen mit gehässig grinsenden Clowns als Fahr-kartenkontrolleure durch die Luft sausen. Den Getränkeautomaten verwechsele ich ab und zu noch mit dem Fahrkartenautomaten, dann müssen sie mich mit eine Spritze wie-der beruhigen und den Schaum vorm Mund abwischen. Ich hoffe, wenn ich in der Therapiestunde der verständnisvollen Tante aus dem Stuhlkreis nur oft genug glaubhaft versichern kann, dass ich zukünftig immer mit dem Auto und keinem anderen Verkehrsmittel fahren werde, dass sie mich irgendwann wieder rauslassen.

Also bis bald, wir sehen uns dann auf der Autobahn. Ich kümmere mich um die entsprechenden Diagramme.

Wissenswertes:

Tohuwabohu

Der hebräische Begriff Tohuwabohu kommt aus dem Alten Testament. Im Original steht in der Bibel: "Bereshith bara elohim et hashamajim v'et ha'arez, v'ha'arez hajtah tohu vavohu." Das bedeutet nicht ganz das, was wir heute darunter verstehen. Eigentlich verstehen wir das Gegenteil von dem darunter, was Martin Luther in seiner Übersetzung schrieb: "Am Anfang schuf Gott Himmel und Erde. Und die Erde war wüst und leer" (Genesis 1,1-2). Wüst und leer bedeutet, dass es gar kein "Durcheinander" im Sinne eines unaufgeräumten Kinderzimmers oder des Inneren einer Frauenhandtasche geben konnte.

Wir verstehen heute unter Tohuwabohu ein extremes Durcheinander, menschengemacht, nicht göttlicher Natur.

PS.:

Früher war die Bahn in öffentlicher Hand und es gab nur einen Preis für eine Strecke. Lediglich für Studenten, Behinderte, Schwangere und Rentner gab es eine Preisermäßigung. Als die Bahn teilprivatisiert würde, begann man die Kunden übers Ohr zu hauen und versuchte ihnen mehr Geld aus der Tasche zu ziehen. Das tat man mit Tariftohuwabohu. Als immer weniger Menschen Bahn fuhren, wechselte man den Vorstand, also den Lokführer, aus und erhöhte die Preise. Danach fuhren noch weniger Leute Bahn. Und so führte man mehr Exklusivität mit VIP-Lounge und Nobelabteilen ein, die jedoch auch nur noch teurer und noch buchungsunfreundlicher waren.

Mit der Klimadiskussion warb dann das Marketing der DB mit merkwürdigen Green-Deal-Zügen um mehr Kunden. Deren tatsächliche Klimafreundlichkeit ist nicht unumstritten und die Unzuverlässigkeit schon legendär. Mehr Kundenfreundlichkeit, einfache und unkomplizierte Buchungsvorgänge, kein Gedränge in der zweiten Klasse, vor einer fast leeren 1.Klasse, stattdessen Abteile der Stille oder mehr Sitzplätze wären vermutlich umweltfreundlicher und würden den einen oder anderen Autofahrer von der Straße in die Bahn holen. Bei einer Auslastung der Fernzüge von 44%, sind Fernbusse nämlich umweltfreundlicher. „Überfüllte" Züge sollten also das Ziel sein und dann würde das Reisen auch wieder billiger werden können.

# Kapitel 31
## Die Geburtstagsfeier

Er hätte es wissen müssen. Der Bauch lügt nie. Es stand wieder etwas an, was ihn Geld kosten würde. Erste Anzeichen gab es dafür, als der Geldautomat nicht funktionierte, die Geldkarte bei der Reinigung nicht funktionierte und er deswegen ohne Anzug und mit zu wenig Geld für das Mittagessen zur Arbeit fuhr. In seinem abgemagerten Magnetkartenhalfter genannt Geldbörse, wäre an diesem Tag selbst ein Einzeller den Sekunden-Hungertod gestorben. Als es nun früh an die Tür klopfte und eine Dame fröhlich ihren Kopf hereinsteckte, hatte sich sein monetäres Schicksal für diesen Tag prompt erfüllt.

Sie wissen was passiert, wenn man aus einem Behälter mehr herausnimmt, als darinnen ist? Ja, richtig geraten! Es entsteht Unterdruck. Im Weltraum entstehen dann schwarze Löcher, die alles aus ihrer Einflusszone unwiederbringlich in sich aufsaugen. Das ist genauso, wie es bei unseren Regierungen passiert. Dort tun sich urplötzlich und völlig unerwartet riesige Haushaltslöcher auf, die die verfügbaren Steuermittel, also das Geld der Leute, unwiederbringlich aufsaugen. Sozusagen schwarze Haushaltslöcher, an denen niemand schuld ist. Und das hört nie auf. Seine Geldbörse hatte etwas von einem lokalen kleinen schwarzen Haushaltsloch. Deshalb tat er schon von Haus aus nicht viel Geld hinein. Was nicht da war, konnte auch nicht abgesaugt werden. Dass das ein Trugschluss war, zeigte sich, als die Tür aufging und er nach einer Beteiligung für ein Geburtstagsgeschenk gefragt wurde. Das konnte um diese morgendliche Uhrzeit auch gar nicht anders sein.

"Moin, mein Guter." Zwitscherte es fröhlich in den Raum hinein. Mit den Worten: "Darf ich eintreten?" trat sie sofort ein. " Klar, komm rein. Guten Morgen." forderte er die bereits Hereingekommene auf, hereinzukommen. "Wie kann ich dir helfen?" fragte er freundlich und bückte sich, bevor sie überhaupt etwas sagen konnte, zu seiner Tasche unter dem Tisch und holte in einem automatischen Handgriff sein Portemonnaie heraus. "Ich wollte fragen, ob du so nett wärst und etwas dazu gibst? Die Evi hat doch am Montag Geburtstag, weißt du? Die meisten geben so um die zehn Euro." erhöhte sie sein halb so hohes Wunschbudget. Da es egal ist, ob man von NICHTS fünf oder zehn Euro wegnimmt und dem schwarzen Loch es ebenso egal ist, nickte er lächelnd: " Klar doch, aber jetzt habe ich gerade nichts dabei. Geht auch morgen?" Wenn es gelänge, nicht nur die Büros zu digitalisieren, sondern auch die Menschen mit ihren Lebensgewohnheiten, dann hätte sie das Geburtstagsgeld mit einem Kartenlesegerät eingesammelt. Das I-Tüpfelchen wäre, wenn das Geld nicht nur zentral erfasst, sondern incl. Bestellung gleich zum Blumenhändler und zu Amazon, und von dort direkt als Zahlungsbeleg zum Finanzamt für Spendenquittung und Steuererklärung gegangen wäre. Parallel hätte der Kühlschrank auch gleich den Befehl zur Herunterkühlung von Sekt und Bier für besagten Tag und Stunde erhalten können.
Aber ich schweife ab. Ich habe vermutlich zu viele Berichte über die Digitalisierung in anderen Ländern gesehen. Eine stabile Internetleitung würde mir vorerst schon reichen, so wie auf den Osterinseln, oder in den Weiten Sibiriens oder so.
Nachdem also alle Büros abgegrast waren, hörte man sie, wie einen Bankräuber nach erfolgreichem Einbruch, schwer atmend den Sack mit Geld über den

Gang ziehen. Zumindest hatte er bei den Geräuschen diese Assoziation. In Wahrheit waren es nur Säcke mit alten Prospekten, welche sie zu den Auffangbehältern im Kopierraum schleppte.

Und dann war es soweit und ihm fiel ein, dass er noch immer die Sache mit dem schwarzen Loch nicht beglichen hatte. "Ich gehe gleich morgen früh zum Geldautomaten." nahm er sich vor. Und so war er der einzige dem für seine Gabe gedankt wurde, obwohl er noch gar nicht am Ablasshandel teilgenommen hatte. Die Mädels hatten angesichts des nahen Halloweenfestes ein paar selbst verschnitzte Kürbisköpfe mitgebracht. Zwei der jüngeren hatten sich im Gesicht andeutungsweise eine Hexe angeschminkt und trugen Strumpfhosen mit Zauberhüten und Fledermäusen und ein paar trugen Dirndl.

Er hatte noch etwas zu Ende bringen müssen und kam daher erst zu einem Zeitpunkt hinzu, wo die Stimmlage durch Sekt und Wein bereits höher gestiegen war, als der Schuldenberg der Regierung.

Nahezu alle kündigten an, nicht lange bleiben zu wollen.

Wie immer gab es die überwiegend weiblich orientierte Kuchenseite und die männliche Hackepeter- und Schinkenallianz. Was jedoch keine Rückschlüsse auf Diejenigen zulässt, die sich von beiden Seiten bedienten. Also beim Essen. (Was haben Sie nur für eine derart schmutzige Phantasie, so dass ich hier im Buch darauf reagieren muss?!) Bei anfangs etwa zehn Leuten gab es fünf gleichzeitig geführte Gespräche, welche sich zwar durch drei Räume verteilten, aber wie zehn anfühlten. Das führte nun dazu, dass die Musik hochgedreht wurde. Es gibt eben immer Leute, die ohne Notenlärm aus der Blechdose nicht leben können. Der Lärm lockte weitere Gäste an, welche noch

mehr Alkohol als "Geschenk" mitbrachten. Das er-
höhte den Lärmpegel von einer mittellauten Disco zu
einem Saugbagger im Extremeinsatz. Die Luft wurde
stickiger, was zum öffnen aller Fenster führte. Das
hatte den Effekt, dass jetzt auch das letzte Büro mit
Fenster zum Innenhof Kenntnis von der Geburts-
tagsparty erhielt und jeder, der keine Lust zum Arbei-
ten hatte, sich auf den Weg machte.
Nachdem die Musik wieder angemessen nach oben
nachreguliert war, stellte ein besorgter Gast zwei
Raumteiler als Schallschutz auf die Gänge und ließ die
Außenjalousien herunter. Damit hatte sich die ver-
fügbare Partyfläche fast verdoppelt und die letzte
Schamgrenze bezüglich Lärm war gefallen. Als je-
mand zwei kleine Fässer Bier anschleppte und einen
Tisch mit Knapperzeug auf den Flur stellte,
schwabbte der Lärm 1:1 auf den Gang. Zwei Stunden
nach dem Kuchenanschnitt um 15 Uhr mit zehn fast
verschämt flüsternden Gästen war eine Art Oktober-
fest daraus geworden. Einige Frauen saßen bei Män-
nern neckend auf dem Schoß. Die leer ausgegangenen
Männer packten ihre Armeegeschichten aus und als
ihnen diese ausgingen kamen amouröse Abenteuer
dran, was dann auch prompt wieder Frauen hinzu-
zog. Vier Stunden nach Beginn des Geburtstagsvolk-
festes wurden dann Volkslieder gesungen und heroi-
sche Gedichte zitiert. Sechs Stunden danach waren
die Ersten, die noch mit dem Auto fahren mussten be-
reits zur den Gang hinunter getaumelt. Im hinteren
Büro schliefen die ersten Gäste den Schlaf der Un-
schuldigen und Gerechten.
Er war jetzt bereits fünf Stunden dabei und saß mit
dem Geburtstagskind und zwei weiteren attraktiven
Damen zusammen, von denen eine ihm gerade ins
Ohr brüllte, wann sie das erste Mal in ihrem Leben ein
Dirndl angezogen hatte.

Eine Information, die er schon immer mal hatte wissen wollen. Er brüllte zurück, dass er als Kind auch eine Lederhose gehabt aber immer nur zum Fasching angezogen hätte. Eine Information welche sie vermutlich auch schon lange schmerzlich vermisst hatte. Ein Betrunkener mit bayrischen Wurzel hatte das gehört und lallte etwas empörtes schwer verständliches dazwischen, dass so klang wie: "Hei dou da net zuhärrn, hei do trinkn wuin." Sie stießen an und waren beste Kumpels. Als er auf sein Handy schauen wollte, um die Uhrzeit zu erfahren, war dieses nicht an dem Ort, wo es sein sollte. Ihm fiel ein, dass er es eventuell im WC am Waschbecken hatte liegen lassen und begab sich sofort dorthin. Immerhin hatte es einen knappen Tausender gekostet. Dort stand ein anderer Besoffener und spülte sein Handy unter dem Waschbecken ab. "Schguck ma, was isch efunnen hab. War vuuller Fettflecke, aber di habsch glei runner schpült. Isch woll deins?" Die letzte Frage stellte er nur, weil er das entsetzte Gesicht trotz Suff doch noch hatte irgendwie entschlüsseln können. "Eehmol suauber machen koschtät zähn Euro. Mir müschen doch alle zuschammen halden." Verkündete er und hielt ihm das Handy hin. Er hatte sich vorhin die zehn Euro geborgt, die er dem schwarzen Loch opfern wollte, die gab er ihm jetzt, statt ihn eine reinzuhauen, was auch dem Alkohol zuzuschreiben war. Die Laune war jedenfalls dahin und er machte sich auf den krummen wankenden Heimweg. Am nächsten Tag hatte er ein Déjà-vu, als es früh an die Tür klopfte und eine Dame fröhlich ihren Kopf hereinsteckte. "Moin, mein Guter." Zwitscherte es fröhlich in den Raum hinein. Mit den Worten: "Darf ich eintreten?" trat sie sofort ein. " Klar, komm rein. Guten Morgen." forderte er die bereits Hereingekommene auf, hereinzukommen. "War

klasse der Abend gestern, oder?" "Jo, fand ich auch super." antwortete er und holte seine Geldbörse aus der Tasche. Diesmal hatte der Geldautomat funktioniert. "Gibst du etwas mehr dazu? Wir mussten gestern noch ganz schön nachkaufen?" Er nickte. Das schwarze Loch hatte seine Arbeit aufgenommen. Zehn stabile Taler für den Geburtstag und weitere zehn für ein frisch gespültes Handy. Zehn Geldstücke für die Getränke der Anderen und fünfzig Kreutzer für das Taxi, weil er sein Auto hatte stehen lassen. Und zu guter Letzt noch knapp tausend Dukaten für ein neues Handy; insgesamt eintausend und siebzig Moneten. Der Raum drehte sich um ihn und das Licht im Büro wich grauen Schatten, als ihm bewusst wurde, dass noch über vierzig Geburtstage bis Jahresende anstanden.
"Ist dir nicht gut?" fragte die nette Dame "Du bist gerade so bleich geworden?" Er winkte nur müde lächelnd ab. "Nein, alles gut. Musste nur gerade an einen unheimlichen Artikel aus der Zeitschrift "Universum" mit dem Titel "Wie Materie verschwinden kann" denken. Erzähle ich dir vielleicht zur nächsten Geburtstagsfeier."

Am nächsten Tag begann er zu dichten:

„Herzlichen Glückwunsch zu den Falten,
jetzt hast Du sie auch,
gehörst Du zu den Alten,
die im Lande keiner mehr braucht.

Herzlichen Glückwunsch zur baldigen Rente,
zu diesem Reichtum gratulieren wir Dir,
sie befördert Dich wohl vor dem Ende
in Grundsicherung und Harz vier.

Herzlichen Glückwunsch zur Seniorenrunde,
dazu wolltest Du doch immer schon gehören,
das Altersheim lockt mit der Bastelstunde,
Dein Anblick wird die Jugend nicht stören.

Du hast also heut' Geburtstag,
hoffentlich gibt's was zu essen,
denn darauf habe ich erwartet,
den Anlass dazu fast vergessen.

Zum Geburtstag recht viel Glück
und vom Kuchen mir ein Stück,
lieber noch wären mir Steaks,
denn ich war lang unterwegs."

Vielleicht, so seine Hoffnung, würden Sie ihn irgend-
wann nicht mehr fragen.

# *Bisher veröffentlicht:*

## historisch/biographisch
**„Umbruch an der Uni"**
Studium am Bauhaus in Weimar
Die Wendezeit 1987 bis 1992
53 witzige und manchmal ernstere autobiografische
Kapitel, mit zeitgenössisch begleitender Dokumenta-
tion, Karikaturen, Stasiakte und vielem mehr

## sachlich/fachlich
**„Praxishandbuch Abdichtung"**
Ein allumfassender Ratgeber, für Jeden,
der mit einem feuchten Haus zu tun hat

## humorvoll/unterhaltend

**„Irgendwas passiert immer"**
Amüsante illustrierte Kurzgeschichten
zum Minipreis

### *In Arbeit:*
## humorvoll/unterhaltend/kriminell

**„Ich bin dann mal raus"**
paramilitärische DDR- und kriminell/amüsante
Nachwende- und Kurzgeschichten
voraussichtliche Veröffentlichung:
vorr. Frühjahr 2022

spannendes Gedenken an meinen Bruder

**„Hendrik - von Alpha bis Omega"**

Biographie & Dokumentation eines
Mordes & Mordprozesses
voraussichtliche Veröffentlichung:
vorr. im Frühjahr 2022

## Ratgeber für Selbständige

**„Der beknackte Optimist -**

**ein Antiratgeber für Selbständige"**

Selbständigkeit macht Spaß und
Erfahrung macht den Meister.
Doch die Aufbau und Organisation
sind nicht die einzigen Dinge, die
Sie wissen sollten. Die wichtigen
Dinge erfahren Sie hier und damit
es nicht langweilig wird, mit
Witz, Spott und Satire.
voraussichtliche Veröffentlichung:
kleine Ahnung

Ich hoffe, dass Ihnen mein Buch gefallen hat und wir
uns beim nächsten Buch: **„Ich bin dann mal raus".**

Wiedersehen. Ich freue mich auf Sie.

Ihr Holger